Virginidad 2.0
RECUPERAR LA INOCENCIA

Ediciones Palabra
Madrid

© Jesús María Silva Castignani, 2017
© Ediciones Palabra, S.A., 2024
 Paseo de la Castellana 210 - 28046 MADRID (España)
 Telf. (34) 91 350 77 20 - (34) 91 350 77 39
 www.palabra.es
 palabra@palabra.es

Diseño de cubierta: Equipo editorial
ISBN: 978-84-1368-371-3
Depósito Legal: M-9251-2024
Impresión: Gohegraf, S. L.
Printed in Spain - Impreso en España

JESÚS MARÍA SILVA CASTIGNANI

Virginidad 2.0
RECUPERAR LA INOCENCIA

Ediciones Palabra
Madrid

*A todos los jóvenes que,
seducidos por el mundo,
han perdido el tesoro de su virginidad,
pero siguen luchando por ser
fieles a la voluntad de Dios.*

Índice

Introducción

En el mundo en el que estamos se han roto muchos tabúes sexuales, y generalmente los jóvenes, desde edades muy tempranas, tonteáis con la sensualidad y sois iniciados al mundo de la sexualidad. Esto hace que muchos de vosotros perdáis la virginidad siendo muy jóvenes y poco conscientes de lo que hacéis, de vuestros motivos y de las consecuencias de vuestros actos. Y no es raro que, a lo largo de vuestra vida, os acabéis arrepintiendo de las cosas que habéis hecho. No pretendo aquí analizar la sociedad en la que estamos, ni mostrar sus errores. No escribo para echar en cara defectos, sino para animar a practicar virtudes. ¿Qué me mueve a escribir este libro? En primer lugar, el amor a Cristo, que me hace amar la verdad, y proclamarla sin miedos ni tapujos. En segundo lugar, el amor a vosotros, que me hace hablaros con claridad de la voluntad de Dios para vuestras vidas, para vuestro cuerpo y vuestra alma. Y en tercer lugar, el amor a la castidad, que me hace proponeros con sencillez este camino para vuestras propias vidas. Porque estoy firmemente persuadido de que el Señor quiere lo mejor para todos nosotros. Si Él nos llama a la castidad, es sin duda porque esta virtud está en el camino de nuestra felicidad, de nuestra plenitud.

Sin embargo, soy consciente de que vivir hoy la castidad no es nada fácil; es más, puede resultar mucho más difícil que en otras épocas. Cuando el cristianismo entró en contacto con el mundo griego y romano, al salir de la sociedad judía, se encontró con una sociedad lujuriosa, que exaltaba el vicio sexual como una virtud, y lo practicaba sin complejos ni tabúes[1]. Gracias al cristianismo se extendió la conciencia de la importancia de la virtud de la castidad, hasta llegar en ocasiones a un puritanismo excesivo.

Desde que el mundo se ha ido alejando poco a poco de la religión, y concretamente desde la «revolución sexual», la estima por la castidad se ha vuelto a perder. Nuestra sociedad se parece mucho a la de la cultura griega y romana; también en lo que se refiere al sexo. Y así, los jóvenes cristianos os encontráis en un mundo en el que la iniciación a lo sexual es muy fácil, rápida y demasiado temprana. La pornografía, la masturbación y las relaciones sexuales de todo tipo son fáciles, repentinas y también fugaces. Con mucha facilidad, antes de que os deis cuenta, andáis enredados en todos estos temas, perdiendo así muy rápido vuestra pureza e inocencia. Esto es un hecho.

Pero no escribo este libro para que nuestra sociedad cambie —que ojalá cambie, y pronto—. Lo escribo para los jóve-

---

[1] La sociedad judía era muy purista, y tenía una alta estima por la castidad. El tema de la castidad cristiana no tuvo problemas en ser aceptado por los judíos que se hicieron cristianos. Sin embargo, en el mundo griego y romano era muy normal que se dieran orgías, homosexualidad y pederastia. Lo puedes ver, por ejemplo, en PLATÓN, *El Banquete*.

nes cristianos que habéis quedado heridos, y habéis perdido vuestra virginidad en el camino de la vida:

💙 Conozco jóvenes cristianos que, teniendo claro vuestro deseo de vivir la castidad, en un momento de descuido y de debilidad habéis tenido relaciones sexuales y habéis perdido vuestra virginidad.

💙 Conozco jóvenes que habéis perdido vuestra virginidad y después os habéis convertido al cristianismo, y cuando habéis descubierto la virtud de la castidad y la importancia de la virginidad, ya era tarde, porque ya habíais tenido relaciones sexuales.

💙 Conozco jóvenes cristianos a los que nadie os ha hablado nunca de la virtud de la castidad, y que no la vivís porque no la consideráis una consecuencia de vuestra fe.

💙 Conozco jóvenes cristianos que tenéis el tema de la castidad en un tibio paréntesis, y que no habéis decidido si os mantendréis vírgenes o no hasta el matrimonio, esperando a ver por dónde tiran las circunstancias de vuestra vida.

💙 Conozco jóvenes cristianos que queréis ser vírgenes hasta el matrimonio, pero que no tenéis tan claro que otras cosas que no son una relación sexual completa puedan no estar bien o tener consecuencias negativas para vosotros y vuestros noviazgos.

💙 Conozco jóvenes cristianos que queréis vivir la virtud de la castidad, pero empezáis a salir con otra persona que no tiene claro ese tema, y finalmente acabáis teniendo relaciones con ella, al sentir una presión por su parte, directa o indirecta.

He hablado con muchos jóvenes de los motivos por los que vivir la castidad y la virginidad, y muchos de vosotros los habéis comprendido y aceptado; pero después, cuando habéis empezado una relación seria con otra persona, habéis experimentado en vuestra propia piel las dificultades de vivir esa decisión, y habéis acabado cediendo poco a poco a los deseos de la carne, hasta, en ocasiones, llegar a perder la virginidad. Y no por maldad y por lujuria; o al menos, no solo por lujuria. También por amor al otro, por la dinámica natural del amor que lleva por sí mismo a una entrega cada vez más íntima; por un deseo de fusión con el otro, muchas veces nacido de las heridas de la infancia y la adolescencia; por la facilidad que nos brinda este mundo hipererotizado para acceder al mundo de lo sexual...

A todos vosotros va dirigido este libro:

A vosotros, que después de haber tenido relaciones sexuales, os decidís a vivir la castidad.

A vosotros, que tras haber perdido vuestra virginidad, habéis descubierto la voluntad de Dios para vuestras vidas, y queréis vivirla.

A vosotros, que, quizá, querríais haber conservado vuestra virginidad para regalársela al hombre o a la mujer de vuestras vidas.

A vosotros, que querríais ofrecer a Dios o a vuestro futuro esposo o esposa el regalo de vuestra virginidad, pero que sentís que no podéis, porque ya la habéis perdido.

A vosotros, que no sabéis muy bien lo que queréis, o que, sabiéndolo, no sabéis si seréis capaces de vivirlo.

A vosotros, jóvenes que habéis decidido entregaros al Señor en la vida sacerdotal o consagrada. Cada vez más jóvenes recibís la vocación después de haber perdido la virginidad;

todo lo que aquí se dice os valdrá también para recuperarla, y para que podáis así entregaros al Señor con un corazón virginal. Lo que se diga referido a la entrega al esposo o esposa, lo podéis aplicar perfectamente a vuestra entrega a Dios.

A todos vosotros quiero ayudaros en este proceso de recuperación de vuestra virginidad. ¿Pensáis que es imposible? «Es imposible para los hombres, pero no para Dios; Dios lo puede todo»[2].

PLAN DE LECTURA

Este no es un libro para leer rápido y de una vez. Es un libro profundo que pretende transformar tu alma. Por eso, te propongo que leas un capítulo por día, meditándolo tranquila y pausadamente. De este modo, lo que leas irá calando en tu corazón, y te dará tiempo a ir asumiéndolo. Podrás volver sobre lo que has leído varias veces en el día, y no pasarás de puntillas por un libro que puede cambiarte la vida y darte un corazón nuevo.

Según vayas leyendo, encontrarás sugerencias prácticas, oraciones y cosas concretas que puedes ir haciendo; así comenzará poco a poco ese camino progresivo de regeneración que te ofrece este viaje.

En el último capítulo te ofreceré un camino muy concreto, un plan de trabajo, que te invito a seguir paso a paso, para que puedas sellar de nuevo la virginidad en tu corazón.

Quizá, cuando llegues al último capítulo, pueda ayudarte releer el libro, ya más rápido, antes de poner en marcha ese

[2] *Mt* 19, 26.

plan de trabajo. Así, todo lo que aquí vas a leer calará más hondo en tu corazón y te hará más fácil vivir una vida nueva. Pero tú haz lo que sientas que más te va a ayudar. Al final, el camino lo hacemos cada uno, y cada uno, que nos conocemos, sabemos qué es lo que nos ayuda.

¡Léelo entero! Parece que hoy en día no tenemos tiempo para nada, y menos para leer. No pocos jóvenes han empezado a leer este libro, pero lo han dejado a medias porque no tienen tiempo. No caigas tú en ese error; habrá partes que te cuesten más o con las que te sientas menos identificado. Fíate de mí: léelo entero. Si lo haces, me lo agradecerás.

¡Lee despacio! Sé que hoy en día estamos acostumbrados a leer poco y rápido. Este libro se lee bien, el lenguaje es fácil; pero no te dejes engañar por eso. Es un libro profundo que puede causar un enorme cambio en ti y una gran regeneración en tu corazón, que puede ser determinante para el resto de tu vida. Léelo bien, despacio, comprendiéndolo y meditándolo; si no, te servirá solo a medias. ¿Por qué? Porque hay que dejar que las cosas reposen en el corazón, y que desde ahí la gracia del Espíritu Santo vaya transformando nuestra vida. Nuestra naturaleza tiene sus procesos y requiere sus tiempos. Así pues, lee despacio, disfruta, ora y medita, y experimentarás cómo la gracia del Espíritu Santo te devuelve la virginidad y la inocencia que quizá has perdido.

Día 1

EL VALOR DE LA VIRGINIDAD

Creo que es importante comenzar señalando brevemente el valor de la castidad y de la virginidad. ¿Por qué? Porque no podemos querer recuperar algo que no sabemos qué es ni qué motivación tiene.

La castidad es una virtud por la cual domino mis capacidades sexuales para ponerlas al servicio del amor. Es una virtud, es decir, requiere esfuerzo personal, y también requiere la gracia de Dios. Mediante ella soy dueño de mí mismo, y no esclavo de mis pasiones, pues soy yo quien gestiono mis capacidades sexuales, y no ellas las que me arrastran a mí.

Dios me ha dado una capacidad sexual, no para juguetear con ella, sino para que yo la integre en mi personalidad y la preserve, hasta que, llegado el momento, pueda hacerme una sola carne con la persona a la que decido amar para toda la vida.

Jesús, que ha venido a enseñarnos quién es realmente el hombre[3], nos dice que la unión de los esposos tiene un significado mucho más bello y profundo que el que le da el mundo de hoy. Por eso dice el Señor en el Evangelio: «¿No habéis leído que el Creador, desde el comienzo, los creó hombre y mujer, y dijo: "Por eso dejará el hombre a su padre y a su madre, y se unirá a su mujer, y serán los dos una sola carne?"»[4].

«De modo que ya no son dos, sino una sola carne. Pues lo que Dios ha unido, que no lo separe el hombre»[5]. Cuando Jesús dice que se hacen «una sola carne», está diciendo que

---

[3] «Cristo manifiesta plenamente el hombre al propio hombre y le descubre la sublimidad de su vocación» (*Gaudium et Spes*, 22).

[4] *Gn* 2, 24.

[5] *Mt* 19, 4–6.

es una unión total y para siempre, que da lugar a una realidad nueva formada por los dos esposos. Está claro que el mundo en el que nos movemos no dice esto. Por el contrario, nos hace creer que el sexo se reduce a jugar con mi cuerpo y con el del otro, sin más implicaciones ni consecuencias.

Frente a esto, conviene tener en cuenta que mi cuerpo no es una parte de mí: soy yo mismo. Cuando entrego mi cuerpo, me entrego yo, entrego mi propio corazón. Y mi corazón está preparado para amar plena y exclusivamente a una sola persona, para toda la vida; y para que yo me dé totalmente, sexualmente, a esa persona, para ser «una sola carne» con ella, y dar así lugar a una nueva vida, a una familia. Como el mismo Dios, que en su eternidad es una comunión de personas que se entregan mutuamente; como el amor de Dios, que en la creación se desborda dando lugar a otras criaturas a las que quiere hacer partícipes de su mismo amor. ¡Es precioso que Dios llame al hombre a imitarle! ¡Es una maravilla que el amor humano sea una imitación del ser mismo de Dios!

La sexualidad es algo bellísimo, altísimo, y cuando se vive en conformidad con la voluntad de Dios, es fuente de santidad y felicidad para quien lo vive. No es cierto que para la Iglesia «el sexo sea malo», ni que, como se dice hoy en día, «todo lo que da placer, o engorda o es pecado». ¡No! Dios nos ha creado sexuados y sexuales, capaces de darnos en cuerpo y alma, en un acto lleno de placer que nos une total y afectivamente al otro. ¡Así lo ha querido Dios! Y lo que quiere Dios es bueno: «Vio Dios todo lo que había creado, y era muy bueno»[6]. También el sexo. En efecto, en el relato de la Creación dice el Señor que «no es

---

[6] *Gn* 1, 31.

bueno que el hombre esté solo»[7]. Y justo después nos presenta esa complementariedad entre hombre y mujer que se entregan y forman una sola carne[8]. Todo ello es bueno.

Sin embargo, el texto bíblico dice una cosa muy sorprendente inmediatamente después: «Estaban ambos desnudos, el hombre y su mujer, pero no se avergonzaban uno del otro»[9]. ¿A qué se refiere esta frase? ¡Es evidente! Se refiere a que el hombre y la mujer podían mirarse con pureza, con castidad. En su plan inicial, Dios quería que el hombre y la mujer se entregasen con amor, que formaran una sola carne y pudiesen dar lugar a nueva vida, en una unión placentera y total. No había deseo lujurioso, ni afán de dominio, ni necesidad de fusión.

Solo cuando el hombre y la mujer se apartaron de la voluntad de Dios y usaron sus dones para aquello para lo que Él no los había destinado, se introdujo el desorden. De hecho, después del pecado, dice el texto bíblico que «se les abrieron los ojos a los dos, y se dieron cuenta de que estaban desnudos; y entrelazando unas hojas de higuera, se las ciñeron»[10]. Habían perdido la capacidad de mirarse desnudos sin que se encendiesen en ellos deseos desordenados. Por eso tuvieron que ocultar sus partes íntimas, porque su mirada ya no era inocente. A partir de este primer desorden, se introdujo uno aún mayor en las relaciones entre hombre y mujer, que el Señor señala a la mujer cuando le explica las consecuencias de su pecado: «Tendrás ansia de tu marido, y él te dominará»[11] —es importante que no entendamos este texto referido solo

---

[7] *Gn* 2, 18.
[8] *Gn* 2, 23.
[9] *Gn* 2, 25.
[10] *Gn* 3, 7.
[11] *Gn* 3, 16.

a la mujer[12], ya que el deseo de dominio, de poseer al otro, de reducirlo a la propia voluntad, afecta a ambos.

Fijémonos en que el Señor no habla de lujuria; incluso por amor y con amor, esta entrega del hombre y de la mujer puede estar desordenada. Es a partir de la caída cuando se hace necesaria la virtud de la castidad. Hay un detalle precioso del texto bíblico. Después del pecado, los primeros hombres se hicieron unos ceñidores de higuera —vegetales y rasposos, como si fuesen una penitencia—. Pero «el Señor Dios hizo para el hombre y su mujer túnicas de piel y los vistió»[13]. De esta manera, el Señor confirmó a los primeros hombres en la bondad y la necesidad del pudor y la castidad; pero no como una penitencia, sino como una virtud; no con taparrabos de hojas, sino con unas túnicas de piel, signo de la dignidad sagrada de su cuerpo que, a partir de entonces, debían cuidar con pudor, para que sirviese para el fin para el que Él lo había creado[14].

---

[12] Aunque, desde mi experiencia, no puedo negar que es frecuente que sea la mujer la que más sufre las heridas afectivas y sexuales.

[13] *Gn* 3, 21.

[14] «Adán mostró su arrepentimiento con su cinturón, al ceñirse con hojas de higuera. Habiendo muchos otros tipos de hojas que podían lastimar menos el cuerpo, sin embargo, movido por el temor de Dios, tejió un cinturón digno de su desobediencia. De esta manera, reprimía el impulso de la carne que le había hecho perder el modo de ser y la ingenuidad del niño para volver su mente al mal. Se revistió con un freno de castidad que también compartió con su mujer, pues temía a Dios y esperaba su venida, como si quisiera decir: "Puesto que por la desobediencia he perdido el vestido de santidad que recibí del Espíritu, reconozco merecer este vestido que no produce ningún placer, sino que me muerde y lastima el cuerpo". Y de su parte siempre se hubiera humillado llevando ese vestido, si el Señor misericordioso no les hubiera dado túnicas de pieles en lugar de sus hojas de higuera». SAN IRENEO DE LYON, *Adversus Haereses*, III, 23, 5.

Como la mirada del hombre y de la mujer se oscureció por el pecado, ya no es fácil vivir con pureza la relación con el otro, saber esperar, no querer dominar, no querer imponer la propia voluntad, no querer satisfacer la propia pasión por encima de todo lo demás... Ahora es necesario un esfuerzo virtuoso, para que mis impulsos estén al servicio del amor y de la entrega; ahora es necesario esforzarse para poder ser libre, para que en mí quien mande sea la voluntad y no la pasión. Y esta es una lucha admirable, en la que se juega el verdadero respeto hacia la persona a la que amo, en la que puedo demostrarle que verdaderamente la quiero, y que quiero amarla bien.

La castidad, por lo tanto, no es una losa ni una represión; es una lucha por la libertad y la pureza del amor, por el respeto hacia el otro y por construir el futuro sobre la sólida base de un amor libre y total.

Jesús nos llama a la castidad, no porque nos quiera quitar algo bueno, sino porque quiere que lo vivamos bien, de modo que nos ayude a ser más felices. Nuestro corazón desea darse por entero, ha sido creado para eso. Pero antes de cumplir el deseo de donación de nuestro corazón, el Señor nos enseña que hay un compromiso, un sacramento, que debe preceder a la entrega y que la asegura: el matrimonio.

El matrimonio es un compromiso por el que juro amar a la otra persona siempre y en toda circunstancia; juro amar a esa persona y solo a ella. El matrimonio debe preceder a la entrega sexual; primero me entrego a ti con todo mi corazón y juro amarte fielmente para toda la vida, y después sello ese compromiso entregándome a ti sexualmente, con todo mi ser, cuerpo y alma. Este es el orden y el sentido que el Señor ha querido al hacernos capaces de comprometernos y darnos mutuamente. Para ello nos ha dotado de esas capacidades, y a eso nos llama. Y aunque el mundo de hoy no lo vea así, esto es lo que el Señor nos ha transmitido.

¿Y por qué? Porque Él nos ama; y como nos ama, nos muestra el camino de nuestra propia plenitud. Porque muchas veces —aun con buena voluntad— nos podemos equivocar en el camino. Y esas equivocaciones tienen consecuencias. Por eso dice san Pablo: «Pues no hago lo bueno que deseo, sino que obro lo malo que no deseo»[15].

Por la confusión que hay a veces entre nuestros buenos deseos y nuestras pasiones, el Señor nos señala el camino para que vivamos bien el deseo de entrega sexual que hay en nuestro corazón: la castidad y la virginidad hasta el matrimonio. Y cuando oímos que el Señor nos llama a la castidad y a la virginidad, también sigue siendo verdad lo que nos dice san Pablo: «Os digo todo esto para vuestro bien; no para poneros una trampa, sino para induciros a una cosa noble y al trato con el Señor sin preocupaciones»[16]. Si el Señor te ama, y tú amas al Señor, fíate de Él. ¿Cómo va a pedirte algo que sea malo para ti o que te haga infeliz? Él conoce para qué te ha creado. Él te ha dado la sexualidad para que tú la vivas en el momento y del modo adecuado. Si la vives así, será una fuente de plenitud para ti, porque Dios te la ha dado para que seas feliz. Pero si no la vives así, te la juegas a que se convierta para ti en algo que, en vez de humanizarte, te deshumanice.

---

[15] *Rm* 7, 19.
[16] *1 Co* 7, 35.

Y esto no se refiere solo a las relaciones sexuales completas... Si el Señor nos ha creado con capacidad sexual no para juguetear con ella, sino para la entrega absoluta, entonces todo uso de la sexualidad que no esté al servicio de la entrega tampoco tiene sentido:

— La pornografía nos animaliza, saca lo peor de nosotros y nos engaña. Nos muestra escenas irreales, muchas veces llenas de violencia y de dominio. Nos presenta mujeres dispuestas a hacer o a que les hagan de todo. Aumenta de modo irreal nuestras expectativas sexuales. Nos induce a entender el sexo como algo separado del amor y como un objeto de consumo. Nos dificulta para la fidelidad. Y un largo etcétera que cada uno, que se conoce, puede deducir.

— La masturbación es un uso egoísta de las capacidades sexuales que, o va acompañada de la pornografía, o de pensamientos sucios sobre otras personas. Va creando en nosotros un hábito que nos dificulta mucho entender y vivir el sexo como un acto de donación, porque nos acostumbra a vivirlo de un modo egoísta, como una búsqueda de placer individual. No pocas personas a las que he recibido en confesión lo han vivido como una auténtica infidelidad.

Además, el aprender a tener autodominio me va a ayudar a hacer frente a diferentes situaciones de la vida. Durante el matrimonio habrá momentos en que sea necesario espaciar las relaciones sexuales por varios motivos; si no soy capaz de dominar mis instintos sexuales, si no soy dueño de mí mismo por la virtud de la castidad, en esas temporadas se me puede hacer muy difícil ser fiel a mi esposo o a mi esposa. Podré caer en tonteos, amistades peligrosas, búsqueda de compensaciones afectivas o materiales, masturbación, exigencias a mi esposo o esposa, mal genio y cabreos en casa, infidelidad, prostitución, etc.[17].

La castidad no es oscura ni represora, sino luminosa, porque me capacita para ser fiel, para ser dueño de mí mismo, para ser libre. Con mi libertad puedo integrar todas mis capacidades afectivas y sexuales y hacer que estén al servicio de mi vocación, de mi decisión de amar a la persona con la que voy a compartir el resto de mi vida.

RECAPITULEMOS...

La castidad no empieza en el noviazgo, sino mucho antes. Es como un entrenamiento que, desde la adolescencia, me va preparando para que la entrega total que viviré en el matrimonio sea fuente de satisfacción, y no de frustración. Y eso implica no dejarme arrastrar por lo que no quiero vivir: los tonteos, los rollos, la pornografía, la masturbación, la infidelidad, las relaciones sexuales, etc.

💙 La castidad me ayuda a ser yo mismo, a no ser esclavo.

💙 La castidad es la mejor carta de presentación para la persona a la que amo.

💙 La castidad me hace libre, fuerte, sacrificado, luminoso.

💙 La castidad me hace maduro y capaz.

¡Que se rían de mí! ¡Que se burlen, que intenten convencerme! ¡Que me digan que voy contracorriente, que no sé lo que me pierdo! ¿Qué más me da?

---

[17] El confesionario es un gran maestro. Todas estas posibilidades que relato aquí las conozco porque han sucedido.

Yo sé lo que quiero, y sé lo que estoy dispuesto a luchar por conseguirlo.

Sé a lo que estoy dispuesto a renunciar por un amor tan precioso, tan perfecto.

Sé que no será fácil, y que en el camino habrá caídas, tentaciones, momentos de oscuridad y dificultades.

No pienso dejar que nada ni nadie oscurezca el ideal que Jesucristo ha encendido en mi corazón.

Y el día que me entregue a mi mujer —o a mi marido— con un amor fiel, total, libre y puro, la satisfacción que viviré compensará con creces todo el esfuerzo y todas las renuncias, porque habré llegado a ser un hombre íntegro, una mujer íntegra, según el corazón de Dios.

Día 2

PERDER LA VIRGINIDAD

Después de mostrar el ideal al que nos llama el Señor, entramos en el tema que nos ocupa. ¿Y qué pasa con aquellos que han perdido la virginidad? ¿Con los que no han vivido a la altura de ese ideal, por unos motivos u otros?

«Perder» la virginidad es una expresión fuerte. Se refiere a un hecho muy concreto, muy real, que sucede en un momento dado, una primera vez, y que marca un antes y un después en nuestra vida.

Nuestra sociedad, incluso habiendo dejado atrás todos los tabúes sexuales, sigue hablando de perder la virginidad. Aunque lo presenta como algo bueno, algo deseable y algo que hacer cuanto antes, a la vez mantiene la idea de pérdida. Desde la perspectiva cristiana es algo hermoso perder la virginidad con la persona que se ha elegido y con la que uno se ha comprometido en el matrimonio; es un preciosísimo regalo de bodas. Sin embargo, muchos de vosotros —quizá la mayoría— llegaréis a vuestra noche de bodas sin ese sello.

Puedes haber perdido tu virginidad por un desliz, o antes de haberte decidido a abrazar la castidad; o por estar con alguien a quien querías mucho y que pensabas que sería el hombre o la mujer de tu vida; o porque en la adolescencia te dejaste llevar por la pasión o la curiosidad, y te enredaste; o porque se te presentó la oportunidad y no quisiste dejarla escapar; o porque te dijeron muchas veces que no sabías lo que te perdías y no quisiste esperar para saberlo; o por tantos motivos, que pueden haberte llevado a tener relaciones sexuales... Y no siempre con malicia o lujuria, ni con deseo de aprovechamiento; a veces con ingenuidad, o por curiosidad, o incluso por amor; por la confusión sembrada en tu corazón por las fuerzas sexuales, la presión social y grupal, por la caída de las barreras del pudor, etc. Sea lo que sea lo que te llevó a perder tu virginidad, lo hiciste. Y eso no va a cambiar. Una vez confesé a un adolescente que durante una fiesta había bebido bastante y había fumado marihuana. En ese estado, una chica le cogió, y se acostó con él. Él quería permanecer virgen hasta el matrimonio, pero todas sus barreras habían caído y se dejó arrastrar. A la mañana siguiente no recordaba nada de lo que había hecho; solo sabía que lo había hecho. Vino a mí dolido, desconcertado, y me dijo: «Padre, me han robado la virginidad». Era un buen chico, pero las circunstancias le empujaron suavemente a hacer algo que en el fondo no quería hacer. La gravedad con la que vino a mí, su cara... me hicieron darme cuenta de lo preciosa que es la virginidad, y lo fácil que es que a uno «se la roben». Quizá tú te sientes también así; quizá de algún modo sientes que te han robado la virginidad; quizá ni te acuerdas, o en aquel momento no eras del todo consciente de lo que estabas haciendo... ¡No te preocupes! He escrito este libro precisamente para que te des cuenta de que no has hecho nada que no se pueda reparar. Si te han robado la virginidad, el Señor te la va a devolver.

Recuerdo a un muchacho que, cuando era adolescente, estaba deseando tener relaciones sexuales. ¡Todo el mundo lo hace, tonto el último! Estaba bastante enredado en el porno y en la masturbación, y podemos decir que, por el mundo que le rodeaba, se abrasaba por dentro. La ocasión llegó cuando se enamoró perdidamente de una chica que le dio sexualmente todo lo que quiso. Estuvieron así bastantes años, y el muchacho acabó descubriendo que ella le engañaba con otro; le hacía pensar que le quería, pero en realidad solo le estaba utilizando. Esto le generó a él mucho rencor. Años después se convirtió, y al descubrir el valor de la castidad, descubrió también el daño que le habían causado sus relaciones con aquella chica. Se decidió a vivir la castidad, pidió al Señor una nueva virginidad, y Dios se la concedió... a través de este libro. ¿Es tu caso? ¡Pues adelante! Dios te va a regalar una nueva comprensión del amor, y te va a devolver tu virginidad perdida.

Una chica a la que yo acompañaba espiritualmente estaba muy enamorada de su novio. Ambos habían empezado a salir teniendo las cosas muy claras —de lo que querían y no querían hacer juntos—. A cierta altura de su noviazgo, los dos estaban convencidos de que estaban hechos el uno para el otro y para toda la vida; sabían que se iban a casar. Él comenzó a cambiar su pensamiento sobre el tema de la sexualidad: «A ver, si nos queremos tanto, si estamos seguros de que somos el uno para el otro, si nos queremos casar, y no lo hacemos aún solo porque somos jóvenes y no tenemos medios, ¿por qué no tener relaciones sexuales? Nuestra relación nos lo pide, se trata únicamente de adelantar el momento. Si tenemos tan claro que vamos a estar siempre juntos, ¿por qué esperar?». Ella no sabía qué hacer. Por un lado le quería mucho; él intentaba ir más allá, y a ella le apetecía también, claro. Pero por otro lado, sabía que Dios la llamaba a vivir la castidad matrimonial. Finalmente, ella acabó cediendo y autoconvenciéndose de lo que le decía su novio, y empezaron a tener relaciones. No les fue mal. Pero al cabo de un año ella me dijo que su chico había cambiado muchísimo, que no le reconocía y que no sabía qué hacer. Después de un tiempo, lo dejaron. Ella vino a mí muy decaída; hacía un año estaba convencida de que él era el hombre de su vida, el único con el que iba a tener relaciones, y luego no fue así. Ahí fue donde ella descubrió el porqué de la virginidad hasta el matrimonio; ahí entendió por qué es necesario celebrar el compromiso del matrimonio, por qué las dos personas tienen que jurarse que van a permanecer siempre unidas, antes de poder sellar esa unión con la entrega del propio cuerpo. Si no se da ese compromiso —porque aún no soy lo suficientemente mayor, porque no he acabado la carrera, etc.—, entonces no estoy preparado para tener relaciones sexuales. Si tu caso es parecido a este, ¡no te preocupes! Dios va a obrar un milagro en ti y te devolverá un corazón nuevo para que esta vez sí se lo entregues al hombre o a la mujer de tu vida.

Un muchacho que se rebotó de la Iglesia empezó a vivir la vida loca. Era muy atractivo y tenía mucha labia, por lo que no le resultaba difícil seducir a las chicas y tener relaciones con ellas. Llegó un punto en que incluso estaba con varias chicas a la vez, y él les decía que era su condición, y que si no les gustaba eso, que se buscasen a otro... Cuando llevaba varios años así, empezó a experimentar un vacío en su corazón, y ese vacío le impulsó a acercarse a la Iglesia, donde tuvo una experiencia de Dios que le «tiró del caballo», como a san Pablo. Se convirtió radicalmente, y a la luz del amor de Dios, se dio cuenta de cómo había profanado su propio cuerpo y el de los demás, haciendo daño al Señor y a la Virgen María. Se arrepintió de corazón de lo que había hecho, se confesó, y fue quedando con las chicas con las que había tenido relaciones, una por una, para contarles lo que le había pasado y para pedirles perdón. Algunas de ellas se lo tomaron a risa, otras pensaban que les estaba vacilando; pero la mayoría se quedaron impresionadas por aquel gesto —e incluso, gracias a él, varias se acercaron a la Iglesia—. Él empezó a vivir una vida de castidad, y Dios restauró su corazón. ¡Y puede hacer lo mismo con el tuyo! Como dice Jesús, basta que tengas fe.

No podemos cambiar el pasado. Lo que ha sucedido, ha sucedido. Todos hemos querido alguna vez viajar hacia atrás para cambiar las decisiones que un día tomamos. Eso es el arrepentimiento, en parte. Pero ese viaje lo hacemos con la imaginación, porque en realidad eso no es posible. Por eso, recuperar la virginidad no es hacer que no haya pasado lo que ha pasado; eso es imposible. Y el recuerdo de lo que pasó siempre estará más o menos vívido, pero quedará.

Entonces, ¿la virginidad es algo que se pierde y no se puede recuperar? ¿Qué solución nos queda?

No pocas personas que han perdido la virginidad y después emprenden una vida cristiana, viven con resignación al respecto: «Bueno, a lo hecho, pecho. Ya está, ¿para qué darle vueltas? Quizá no tenga tanta importancia, después de todo. Voy a buscar el lado bueno, y a seguir adelante». Algún joven, decidido a empezar a vivir la castidad después de haber perdido la virginidad, ha llegado a decirme: «Que me quiten lo *bailao*». Este tipo de afirmaciones son propias de corazones jóvenes que buscan continuar con su vida lo mejor que pueden, tratando de minimizar las consecuencias de sus actos, porque saben que ya no pueden cambiarlos. Es lo mismo que nos sucede a todos cuando cometemos cualquier error. Lo que ocurre con esa actitud es que impide que tenga lugar un arrepentimiento profundo y completo.

Pero entonces, ¿qué se supone que hay que hacer? ¿Quedarse atrapado lastimeramente en el pasado? ¿Lamerse las heridas? ¿Estar todo el día lamentándose por los errores cometidos y no pasar página nunca? ¿Tener presente todo el tiempo lo que he hecho mal y recordármelo cada día? ¡Por supuesto que no!

Una vez, una mujer vino angustiada a hablar conmigo. Después de llevar años felizmente casada, le empezó a pasar que, mientras tenía relaciones con su marido, de pronto se acordaba de otro chico con el que había mantenido relaciones en el pasado. Eso le hacía sentir muy mal, y no entendía por qué le ocurría. No era que no quisiera a su marido, ni que con el otro chico disfrutase más, pero se le colaba ese pensamiento, que llegaba a angustiarla profundamente. Y me dijo: «Ahora entiendo por qué la Iglesia nos dice que tenemos que llegar vírgenes al matrimonio». Yo le dije que no se preocupara, que era normal que recordase esas experiencias pasadas, porque el pasado es el que es; eso no significaba que no quisiera a su marido, sino que tenía que sanar sus recuerdos y cerrar esas heridas que aún quedaban abiertas. Y en un proceso muy hermoso, pudo cerrar aquellas dificultades y vivir de un modo renovado sus relaciones. Ni se quedó atrapada en su pasado, ni simplemente pasó página, resignada. El Señor sanó su corazón.

Recuerdo otro caso de un muchacho que, después de haber vivido una vida sexualmente desordenada, se convirtió, decidió vivir en castidad y empezó a angustiarse por el hecho de haber perdido su virginidad: «¿Y si luego no sé vivir las relaciones sexuales con amor? ¿Y si se me cuela el egoísmo? ¿Y si no sé querer a mi futura mujer? ¿Y si no es lo mismo que con las otras? ¿Y si...?». Le dije a aquel chico dos cosas: en primer lugar, que Dios le llamaba a vivir el presente, y que en cada momento le daría la gracia que necesitaba para vivir las cosas bien. Y en segundo lugar, que Dios podía sanar su corazón y restaurar su virginidad, y que lo que viviría con su futura mujer sería muy diferente de lo que había vivido hasta ese momento. Y así fue. ¡Dios es poderoso y bueno! Los «y si...» son del demonio. Dios cuida de nuestro pasado, presente y futuro. Dios nos llama a no temer. Como decía el padre José Kentenich: «Dios viene cada día para cada día».

El enemigo de la naturaleza humana nos va a llevar siempre a una de estas dos actitudes: o a pasar página demasiado rápido, restándole importancia a nuestro error, o a quedarnos angustiados, dándole vueltas a nuestro pecado. Ambas opciones son erróneas. ¿Por qué? Porque no cuentan con la posibilidad de que el Señor restaure y regenere nuestro corazón. Ambas me hacen pensar que yo soy el centro, y que no hay nada que hacer. Ambas niegan el poder de Dios sobre mi vida y mi corazón.

Y no hablo aquí del perdón. Por supuesto que Dios puede perdonar nuestros pecados por medio de la confesión, que es un sacramento de alivio para los que caen. Por medio de la confesión, nuestros pecados son destruidos y se nos devuelve la gracia de la santidad. Sin ese perdón recibido en la confesión, es imposible recuperar la virginidad. Pero no basta con eso. Hay algo mucho más grande que el poder de Dios puede obrar en nuestra vida: restaurar mi virginidad y regenerar mi corazón.

El mundo que nos rodea nos ofrece una mirada sesgada sobre el amor y la sexualidad. Parece que nada es para siempre, que el sexo va por un lado y el amor va por otro. Muchas veces no se presenta el matrimonio como un camino bello y deseable, sino como un residuo de una época anterior, de una cultura tradicional; como algo pasado de moda y llamado a desaparecer. Puede que tú no pienses así, pero no puedes negar que el mundo en el que vives te afecta, y que —quizá— el haber tenido relaciones sexuales te ha hecho olvidar el valor del matrimonio o no darle la importancia que tiene. Recuerdo una ocasión en que, caminando por la calle, vi un chico que llevaba una camiseta en la que ponía: «El sexo es el precio que las mujeres pagan por el matrimonio. El matrimonio es el precio que los hombres pagan por el sexo». ¡Yo me niego a resignarme y aceptar eso! ¡Reivindico el valor de la belleza del amor, el compromiso y el sacrificio!

¿Para qué has sido creado? ¿Cuál es el deseo más profundo que Dios ha inscrito en tu corazón? El deseo de amar y ser amado. Pero el amor no es solo un sentimiento, es mucho más. Puede que el amor casi siempre empiece por una emoción que me mueve a acercarme y a conocer a una persona; pero una vez que la conozco, mi inteligencia se activa y me ilumina para ir más allá, más a lo hondo, de modo que mi corazón va sintiendo más y más afecto por esa persona; un afecto que finalmente me mueve a decidirme por ella, a empezar una relación seria, que poco a poco va creciendo en implicación y compromiso, en un círculo virtuoso que desemboca en la decisión de compartir toda la vida. De este modo, vemos que el amor verdadero surge cuando está implicada toda la persona: emoción, inteligencia y voluntad. Por eso, el amor es más que un sentimiento. Toda la dinámica del amor se concentra en una decisión. ¿Qué decisión? La de entregarme. El amor es entrega.

Esta es la mayor belleza a la que puede aspirar cualquier hombre o mujer. Dios nos ha creado por amor; venimos a la vida por un acto de amor de nuestros padres; crecemos recibiendo amor y buscando amor, y dando amor a otros. Toda nuestra vida se realiza en el amor. Y como acabamos de ver, el amor es entrega. ¡Qué belleza tan inmensa! Que alguien pueda encontrar a aquella persona con la que Dios le llama a compartirlo todo, el cuerpo y el alma, las angustias y las tristezas, las esperanzas y las alegrías, la salud y la enfermedad, la pobreza y la riqueza... El compañero de camino perfecto para mí, que va conmigo de la mano por el camino de la vida hacia la patria del cielo:

«¡Qué bello es el matrimonio de dos cristianos, dos que son uno en la esperanza, uno en el deseo, uno en la forma de vivir que siguen, uno en la religión que practican! Son como hermanos, ambos siervos del mismo Señor. Nada los divide, ni en la carne ni en el Espíritu. Ellos son, en realidad, dos en una sola carne; y donde solo hay una carne, solo hay un espíritu. Oran juntos, adoran juntos, ayunan juntos, se enseñan el uno al otro, se animan el uno al otro, se fortalecen el uno al otro. Codo con codo afrontan las dificultades y las persecuciones, comparten sus consolaciones. No tienen secretos el uno con el otro, nunca rehúye el uno la compañía del otro; nunca uno le trae pesar al corazón del otro. Uno a otro se cantan salmos e himnos. Oyendo y viendo esto, Cristo se goza. A estos Él les da su paz. Donde hay dos juntos, allí también está Él presente, y donde Él está, el mal no está»[18].

Esta entrega se hace total por el compromiso del matrimonio. Muchos tienen miedo al compromiso porque ata. Sin embargo, nada tiene de malo atarse por amor a alguien. Porque atarse en el compromiso no es perder la libertad, sino compartirla; es aceptar que no voy a construir mi vida solo, es atarme a la mano de alguien a quien amo, de quien yo tiraré cuando no pueda más, y que tirará de mí cuando sea yo el que no pueda. Me ato a él por un lazo indestructible, que ningún poder de este mundo puede romper. El compromiso hace que me entregue totalmente, sin condiciones, sin límites. Es el salto de fe de quien cree que el amor puede ser cada vez más bello, más total, de quien descubre que hay una promesa de felicidad plena en el amor que va más allá de este mundo.

---

[18] De una carta de Tertuliano a su esposa (año 202).

El matrimonio no es la muerte del amor, como muchos piensan; es la unión total, en cuerpo y alma, de dos personas que han decidido darse un sí incondicional, para siempre, capaz de vencer todas las dificultades; de dos personas que eligen vincularse libremente para poder construir algo más grande que cada uno solo, por su cuenta, no podría: el amor de una familia, la victoria sobre la soledad.

Y si el amor es entrega y es compromiso, por eso mismo toma a veces la forma de sacrificio. Nuestro mundo nos invita a no ceder nunca, a no dar nuestro brazo a torcer. La palabra «sacrificio» nos suena mal, porque rehuimos el sufrimiento, y además no queremos perdernos ninguna opción. Sin embargo, la vida está hecha de elecciones. Y una elección conlleva siempre una renuncia. Con un ejemplo lo verás fácilmente: si elijo estar aquí escribiendo en el ordenador, renuncio a quedar con un amigo a tomar una cerveza; si elijo a una mujer, renuncio a todas las demás; si elijo no comprometerme con ninguna, estoy renunciando a la posibilidad de un amor para siempre... ¿Ves? Elección y renuncia son dos caras de una misma moneda: la libertad.

Esa renuncia es a veces un sacrificio que tengo que hacer, un negarme a mí mismo, para que el otro viva y crezca, o para poder construir juntos algo más grande. El amor muchas veces está hecho de pequeños gestos, como cuando una madre se levanta a las tres de la mañana porque su bebé llora. Obviamente no le apetece levantarse y está cansada, pero el amor le hace vencer eso y atender a su bebé; eso lo ha hecho tu madre contigo, muchas noches. A veces, en un matrimonio tiene que ceder el marido, y a veces, la mujer; o a veces, ambos tienen que sacrificarse por un hijo. Son las consecuencias del amor. Pero no son terribles ni algo a evitar. Son la consecuencia inevitable de vivir nuestra vida hasta el fondo, de implicarnos en lo más profundo de la existencia, de dejarnos llevar del deseo de nuestro corazón.

No estamos mal hechos, deseamos bien, aunque a veces nuestros deseos nos jueguen malas pasadas y no hagamos las cosas todo lo bien que podríamos. También en el terreno sexual te ha podido pasar esto, si has perdido la virginidad y después te has decidido a vivirla de nuevo. ¡No pierdas de vista la belleza del amor al que Dios te llama! ¡Desentierra el deseo de tu corazón!

Que los errores de tu pasado no te hagan perder la perspectiva del futuro que Dios ha pensado para ti: una entrega total en el amor.

Recuerdo que una vez un muchacho tuvo una imagen interior de sí mismo. Se vio como una piedra oscura, sucia, de barro. Pero de pronto, el barro se abría, y de aquella piedra salía una enorme pepita de oro, brillante y preciosa. Y se dio cuenta de lo que Dios le quería decir: «Todo el mal que has hecho en tu vida no ha podido mancillar la belleza que yo puse en ti». Eso mismo te digo yo a ti: tu corazón es de oro, de oro puro, y el deseo que hay en él sigue intacto, aunque quizá hayas perdido la virginidad. ¡No lo olvides!

Ese deseo es tu brújula, que te guía hacia la entrega de tu vida en el amor. Y a través de este libro, Dios va a restaurar tu virginidad, limpiando ese barro que quizá ha cubierto tu corazón para que brote esa pepita de oro que hay en él y puedas ilusionarte con el proyecto de Dios para ti: entregar tu vida entera por amor. ¡Vamos a ello!

Día 3

EL PODER DE LA FE

Para poder entender cómo puede darse en tu vida el milagro de la restauración de tu virginidad, tienes primero que comprender lo que el poder de Dios es capaz de hacer en tu vida. Y para ello, va a ser necesaria la fe. La fe es el poder más grande que el Señor ha encendido en nuestro corazón. Por la fe creemos que Dios existe, que nos ha creado, que se ha encarnado, ha muerto y ha resucitado por nosotros, que nos ha dado el don de su Espíritu, que nos ama y que ha recibido pleno poder en el cielo y en la tierra. Así lo dice Él mismo: «Se me ha dado todo poder en el cielo y en la tierra»[19]. ¡Todo el poder! ¡Dios es todopoderoso!

La Biblia llama muchas veces a Dios el todopoderoso[20]. Cuando el ángel del Señor se apareció a María para anunciarle que iba a ser Madre de Dios, Ella le preguntó cómo podía ser aquello, «pues no conozco varón». El ángel le da la prueba de su prima, Isabel, que se había quedado embarazada siendo estéril y muy mayor: «Porque para Dios nada hay imposible»[21].

Por tanto, en primer lugar, es necesario que reavives tu fe. Si tú tienes fe en Dios, tampoco habrá nada imposible para ti. Otro ejemplo. Cuando Jesús les habló a los apóstoles de la renuncia a los bienes de este mundo, vio que se escandalizaban porque aquello les parecía inalcanzable, pero «Jesús se les quedó mirando y les dijo: "Es imposible para los hombres,

---

[19] *Mt* 28, 18.

[20] Sobre todo en el Apocalipsis, que es el gran libro de la victoria de Dios sobre el mal. Ver *Ap* 1, 8; 4, 8; 16, 7. 14; 19, 15; 21, 22.

[21] *Lc* 1, 37.

pero Dios lo puede todo"»[22]. Y en otra ocasión, llegará a decirles: «En verdad os digo que, si tuvierais fe como un grano de mostaza, le diríais a aquel monte: "Trasládate desde ahí hasta aquí", y se trasladaría. Nada os sería imposible»[23].

Muchos de los milagros que hace Jesús parten de la fe de los que se acercan a Él[24]. Incluso hay quienes se acercan a Jesús y solo con tocarle, sin que Él mismo se dé cuenta, quedan curados por su fe[25]. Hay una frase de Jesús que siempre me ha sobrecogido. Si nos la creyésemos, seríamos capaces de cualquier cosa: «En verdad, en verdad os digo: el que cree en mí, también él hará las obras que yo hago, y aun mayores, porque yo me voy al Padre»[26].

Para que el Señor restaure tu virginidad, lo primero que necesitas es poner toda tu fe en Él. Aunque sientas que tienes poca fe, recuerda que basta con que sea como un granito de mostaza para que puedas mover montañas. El Señor tiene poder para restaurar tu corazón, y para hacer un milagro en ti. No será un milagro visible, que se pueda comprobar; será un milagro del corazón.

No se trata de resignarte con lo que has hecho, ni de seguir dándole vueltas al pasado, como veíamos más arriba; se trata de una sanación que Dios es capaz de obrar en tu corazón, por medio de la cual Él puede renovar tu virginidad y darte el poder de vivir de nuevo tu castidad íntegra, esperando para

---

[22] *Mt* 19, 26.

[23] *Mt* 17, 20.

[24] *Mt* 9, 1–8. En este pasaje, Jesús no solo cura al paralítico por la fe de los que le traen hasta Él, sino que incluso le perdona sus pecados.

[25] La mujer que tenía flujos de sangre toca el borde del manto de Jesús y queda curada, sin que Él haga nada y ni siquiera sepa quién es.

[26] *Jn* 14, 12.

entregarte a la persona con la que compartirás el resto de tu vida. Se trata también de una gran transformación que Dios puede —si tú le dejas— realizar en tu corazón para que todo lo que hemos explicado en el primer capítulo pueda ser verdad para ti, aunque ya hayas mantenido relaciones sexuales.

Piensa que, de esta forma, en la noche de tu boda podrás regalarle a tu esposo —o a tu esposa— el regalo de tu virginidad, de un corazón y de un cuerpo única y exclusivamente para él —o para ella—; un corazón puro e íntegro, restaurado por el Señor, santificado y virginalizado, que al entregarse sexualmente te haga una sola carne con la persona a la que amas.

Es necesario ahora que te detengas un momento y hagas un acto de fe. Jesús nos pidió lo siguiente: «Creed en Dios y creed también en mí!»[27]. Para ayudarte en la formulación de este acto de fe, quizá puedan servirte de ayuda las palabras que le dirigió Jesús a un hombre que se acercó a Él con una gran necesidad: «Si algo puedes, ten compasión de nosotros y ayúdanos. Jesús le replicó: ¿Si puedo? Todo es posible al que tiene fe». Entonces, aquel hombre se puso a gritar: ¡Creo, pero ayuda mi falta de fe!»[28].

Haz tú también este gran acto de fe, dile al Señor que crees que Él, que todo lo puede, también tiene poder para restaurar tu virginidad y transformar tu vida y tu corazón. Dios te ama con todo su corazón, ha muerto por ti, para que tú tengas vida, para renovar totalmente todo tu ser. ¡Dile que crees en Él!

---

[27] *Jn* 14, 1.
[28] *Mc* 9, 22–24.

No sigas adelante sin hacer bien este paso, porque si no eliges creer que el Señor es capaz de hacer milagros en tu vida, no sucederá. Habitualmente solemos pedir a los demás que nos demuestren que pueden hacer algo antes de creernos que tienen esa capacidad; pero con Dios sucede al revés: «Todo cuanto pidáis en la oración, creed que os lo han concedido y lo obtendréis»[29]. Cree que Dios puede hacerlo, y entonces Él lo hará.

Te invito a que hagas una profesión de fe en el poder de Dios antes de continuar. Puedes hacerla con tus propias palabras. Si no sabes cómo hacerlo, reza esto de corazón:

Señor Jesús, yo creo que Tú eres el Señor y que tienes todo el poder en el cielo y en la tierra. Confío en ti, Señor Jesús, y a pesar de mi debilidad y de mis errores, me pongo en tu presencia y te digo: «Jesús, confío en ti». Sabes que mi fe es como un granito de mostaza, pobre y vacilante; pero Tú me has dicho que, aunque tenga poca fe, nada me es imposible si la pongo en juego. Y por eso, pongo toda mi fe en ti. Creo firmemente, Señor, que tienes poder para hacer milagros en mi vida y restaurar mi corazón y mi virginidad. Creo que puedes limpiar el barro de mi corazón y hacer brotar el oro que Tú has puesto en mi interior. Creo que Tú eres el Señor de mi vida y de mi corazón, de mi pasado, mi presente y mi futuro, y sé que Tú me has creado para un amor total. Ayúdame a no perder nunca de vista el ideal para el cual tu amor me ha creado, dame tu gracia, para que se restaure mi virginidad y pueda vivir en plenitud el camino de amor que has preparado para mí. Yo creo en ti, Señor.

---

[29] *Mc* 11, 24.

Si quieres, continúa diciendo lo que te brote del corazón, de lo más hondo de tu corazón. Si haces este acto de fe con todas tus fuerzas, estarás más cerca del milagro de la restauración de tu virginidad.

Día 4

LA IMPORTANCIA DEL ARREPENTIMIENTO

Aún hay un paso muy importante para poder continuar. Si ya has puesto tu fe en Dios y crees que nada es imposible para Él; si te has decidido a vivir la castidad y luchar por ella, y tienes el deseo de que el Señor restaure tu virginidad, es necesario que te arrepientas de corazón de haber perdido tu virginidad.

Puede que, si has perdido la virginidad, la perdieras sin ser plenamente consciente, o en un momento en el que no tenías claro ese tema, o en el que no creías en Dios ni querías vivir la castidad, y, por tanto, no viviste ese hecho como un acto malo ni especialmente grave. Todo eso no importa ahora. La luz de la fe y de la razón te hace ver ahora que aquello no era conforme a la voluntad de Dios, que no fue un paso hacia tu propia felicidad ni a tu plenitud. Puede que en aquel momento te lo pareciera, pero eso no importa: importa el ahora.

Y ahora, desde tu fe en Dios, puedes ver que al Señor le dolió tu pecado. ¡Sí! Incluso aunque lo cometieras sin ser plenamente consciente, le dolió. ¿Y por qué le dolió? Por dos motivos: el primero, porque iba contra tu propia felicidad, contra tu propia integridad, contra tu propia plenitud. El segundo, porque con tu pecado hiciste también caer a otro, y fuiste contra su felicidad, su integridad y su plenitud. Al Señor le dolió porque te dañaste a ti y porque dañaste a otro.

No escribo esto para suscitar en ti un sentimiento de culpabilidad, sino para que, siendo consciente de la verdad de tus actos, puedas arrepentirte de corazón. Si miras hacia otro lado, no hay arrepentimiento verdadero. El mal que hacemos afecta al corazón de Dios, le duele.

Dios sufre por nuestras infidelidades y quiere perdonar nuestras faltas, pero es necesario que, si nos alejamos, volvamos primero a Él. Así expresa el profeta Oseas el quejido de Dios: «Cuando Israel era joven lo amé y de Egipto llamé a mi hijo. Cuanto más los llamaba, más se alejaban de mí...»[30].

También a través de Jeremías el Señor nos llama a que reconozcamos nuestro pecado, nos arrepintamos y volvamos a Él: «Volved, hijos infieles, que no os pondré mala cara, porque yo soy compasivo, no guardo rencor por siempre. Pero reconoce tu culpa, puesto que te has rebelado contra el Señor, tu Dios. Volved, hijos infieles: yo sanaré vuestra infidelidad»[31].

Así pues, reconoce tu culpa; reconoce que aquello le dolió al Señor y que te hizo daño a ti y a otro. Incluso aunque no lo veas con claridad, fíate de la palabra de Dios, y arrepiéntete; pídele perdón al Señor, y pídele que restaure tu corazón, que sane tus heridas, y que se lleve las consecuencias de ese pecado. Pídele perdón también por haber pecado contra otra persona, pídele que restaure también su corazón, que sane sus heridas y que se lleve también en el otro las consecuencias de ese pecado. Puede ayudarte rezar el Salmo 51:

Misericordia, Dios mío, por tu bondad,
por tu inmensa compasión borra mi culpa;
lava del todo mi delito,
limpia mi pecado.

Pues yo reconozco mi culpa,
tengo siempre presente mi pecado:

---

[30] *Os* 11, 1–2.
[31] *Jr* 3, 12–13. 22.

contra ti, contra ti solo pequé,
cometí la maldad que aborreces.

En la sentencia tendrás razón,
en el juicio resultarás inocente.
Mira, en la culpa nací,
pecador me concibió mi madre.

Te gusta un corazón sincero,
y en mi interior me inculcas sabiduría.
Rocíame con el hisopo: quedaré limpio;
lávame: quedaré más blanco que la nieve.

Hazme oír el gozo y la alegría,
que se alegren los huesos quebrantados.

Aparta de mi pecado tu vista,
borra en mí toda culpa.
Oh Dios, crea en mí un corazón puro,
renuévame por dentro con espíritu firme;
no me arrojes lejos de tu rostro,
no me quites tu santo espíritu.

Devuélveme la alegría de tu salvación,
afiánzame con espíritu generoso:
enseñaré a los malvados tus caminos,
los pecadores volverán a ti.

Líbrame de la sangre, oh Dios,
Dios, Salvador mío,

y cantará mi lengua tu justicia. Señor,
me abrirás los labios,
y mi boca proclamará tu alabanza.

Los sacrificios no te satisfacen:
si te ofreciera un holocausto, no lo querrías.
Mi sacrificio es un espíritu quebrantado;
un corazón quebrantado y humillado,
tú no lo desprecias.

Señor, por tu bondad, favorece a Sion,
reconstruye las murallas de Jerusalén:
entonces aceptarás los sacrificios rituales,
ofrendas y holocaustos,
sobre tu altar se inmolarán novillos.

Si ya te has confesado de ese pecado o esos pecados que cometiste, es suficiente con que vuelvas a arrepentirte y le pidas al Señor perdón con todas tus fuerzas, con el verdadero deseo de que el Señor restaure tu corazón. Si aún no te has confesado, este es el momento de hacerlo. Como decía el papa Francisco: «Puedo y debo afirmar con fuerza que no existe ningún pecado que la misericordia de Dios no pueda alcanzar y destruir, allí donde encuentra un corazón arrepentido que pide reconciliarse con el Padre»[32].

No se trata de un dolor victimista o falso, sino de un dolor del corazón que brota del amor y la confianza en Dios. «Porque te amo, Señor, me fío de ti. Porque me fío de ti, sé que

---

[32] PAPA FRANCISCO, *Misericordia et Misera*, 22.

esto te dolió y que no ha contribuido a mi bien. Porque sé que te dolió, te pido perdón». Y así, a través del arrepentimiento sincero y del sacramento de la confesión, el Señor nos perdona. Pero hay un paso muy importante para el arrepentimiento, que muchas veces no hacemos: perdonarnos a nosotros mismos. Solo si nos ponemos bajo la mirada misericordiosa de Dios, Él nos da fuerza para que seamos capaces de no machacarnos por nuestro propio pecado. Se trata de mirarnos con serenidad, de reconocer que hemos usado mal nuestra libertad y de arrepentirnos de ello, luchando de ahora en adelante por hacer las cosas bien.

Hay muchas cosas que te pudieron llevar a perder la virginidad: la pasión de la adolescencia, la educación que recibiste, la otra persona que te llevó a hacerlo, la presión social o de los amigos, la curiosidad, las heridas que te provocó otra persona, el no tener claros los motivos para vivir la castidad o el pensar que eso no era consecuencia de tu fe... Reconoce esas cosas, reconoce cómo te condicionaron, reconoce que libremente elegiste hacer lo que hiciste, y perdónate. Muchas veces, los jueces más duros con nuestros asuntos somos nosotros mismos. Para poder abrazar la virginidad en el presente, es fundamental que te reconcilies con tu pasado. Mírate como Dios te mira, y Él te hará capaz de perdonarte.

El último paso necesario para que se den el arrepentimiento y la reconciliación es perdonar a la persona o personas con las que uno ha mantenido relaciones sexuales. A veces se nos quedan clavadas espinas de rencor hacia las personas a las que hemos querido o que nos han querido. Y si hemos mantenido relaciones con ellas, esas heridas se hacen mucho más profundas, porque nos hemos hecho una sola carne. Por eso mismo, pídele al Señor que te dé una mirada de misericordia sobre ellas. Eso no quiere decir que disculpes sus errores, ni tampoco que interiormente sigas echándoselos en cara; simplemente perdona. Es posible que te resulte muy difícil, puede que te cueste mucho. Si es así, no te fuerces; ve perdonando poco a poco.

Recuerdo a un chico que estaba bastante enamorado de una chica, y ambos mantuvieron relaciones; después ella le dejó, y siguieron viéndose como amigos. Él le contaba a su mejor amigo todo lo que sentía hacia ella, y lo que le estaba costando superar la situación… hasta que acabó descubriendo que su mejor amigo estaba con la chica, y que ambos se lo estaban ocultando. Se sintió engañado, traicionado, y profundamente herido, lleno de rabia y rencor. Ese rencor le llevó a perderse en una espiral de alcohol, droga y chicas; todo eso junto sacó lo peor de él. Y sin embargo, aquello servía únicamente para aumentar su dolor y su rabia. Pero Dios tenía un plan para él… En un retiro de impacto, tuvo un encuentro fortísimo con el amor de Dios. Sintió un amor muy profundo; sintió que Dios le perdonaba todos sus pecados, y le daba una vida nueva. Al mismo tiempo, Dios le hizo darse cuenta de que estaba atado por unas sogas que no le dejaban ser libre. Le hizo ver que, para poder vivir plenamente su nueva vida, tenía que ser capaz de perdonar. Y así lo hizo. Dios le dio la gracia de un amor misericordioso, que le llevó a reconciliarse con su amigo, y sintió un alivio como el que nunca antes había sentido. Se sintió libre y en paz, lleno del amor de Dios. Se sintió por fin capaz de abrazar la vida nueva que el Señor le había regalado, dejando atrás las cadenas con las que el rencor le había mantenido atado.

A veces hace falta mucho tiempo para poder perdonar completamente a alguien. Pídele al Señor la gracia de perdonar, pídele que te haga capaz de perdonar. No te quedes enganchado a los errores del pasado. Suelta lastres, para que puedas avanzar libre. Deja tu pasado completamente sumergido en la misericordia de Dios. Si quieres, te propongo una oración para que puedas preparar tu corazón para ese perdón, y pedirle a Dios que te ayude a perdonar, porque sin su gracia es muy difícil:

Padre de bondad, te doy gracias, porque me has dado la vida y me has llenado con tus dones, porque me has creado libre y capaz de elegir mi propio camino. Tú me has llamado de muchas maneras, pero a veces he hecho como el hijo pródigo y me he alejado de ti, por otros caminos, malgastando los dones que Tú me habías dado. Te pido perdón, Padre. Mi virginidad era un regalo que me hiciste para que yo lo compartiese con la persona que Tú pusieras en mi camino, para llegar juntos hasta ti. Yo lo he perdido antes de tiempo. Ahora soy consciente de lo que eso significa, y estoy profundamente arrepentido. Perdóname, Padre. Me arrojo en tus brazos y me desplomo en ellos con confianza de niño, porque sé que me amas, más allá de lo que haya hecho, y que me acoges de nuevo en un abrazo de misericordia. Padre, sabes que me cuesta perdonar a quien me ha hecho daño. Ayúdame a perdonar a los demás como Tú me perdonas a mí. Saca de mi corazón el veneno del rencor, y llénalo de tu amor y misericordia, para que yo los pueda compartir con aquellos que me han herido. Dame la gracia de perdonar como Tú me perdonas. Hazme libre de mi pasado, rompe las ataduras del odio, para que pueda entregarme de lleno al plan de amor que Tú tienes pensado para mí. Gracias, Padre.

Si quieres, puedes continuar orando tú, con las palabras que te broten del corazón...

Día 5

RECUPERAR LA VIRGINIDAD

Sabemos ya que recuperar la virginidad no es cambiar el pasado. Lo que ha sucedido ha sucedido; y más adelante aprenderemos también a sacar provecho de ello. Pero recuperar la virginidad es otra cosa.

Según el diccionario de la Real Academia, la virginidad es la cualidad de una persona que aún no ha tenido relaciones sexuales. Desde el punto de vista biológico, sobre todo en las mujeres, hay un signo físico que se pierde cuando se tienen relaciones sexuales. Sin embargo, este signo se puede perder también por otros motivos. Y el hecho de que en el hombre la virginidad no tenga un signo físico, tampoco quiere decir que el hombre no la pueda perder. Es decir, que la virginidad es algo que va más allá de lo físico. San Agustín, cuando escribe su libro *La Ciudad de Dios,* hace frente al problema de las vírgenes cristianas que fueron violadas cuando Alarico saqueó Roma. ¿Esas vírgenes perdieron su virginidad cuando fueron violadas? San Agustín dice enérgicamente que no, porque la castidad es una virtud del espíritu; y desde el espíritu, santifica al cuerpo[33].

Veámoslo con un ejemplo. Jesús dice lo siguiente en el Evangelio: «Habéis oído que se dijo: "No cometerás adulterio". Pero yo os digo: todo el que mira a una mujer deseándola, ya ha cometido adulterio con ella en su corazón»[34]. Este texto es fundamental para comprender lo que intento explicar; si un hombre que no ha tenido relaciones sexuales con nadie, mira a una mujer y la desea sexualmente, dice Jesús que ya ha pecado con ella en su corazón.

---

[33] SAN AGUSTÍN, *La Ciudad de Dios*, Libro I, capítulos 16 y 18.
[34] *Mt* 5, 27–28.

En ese sentido, ese hombre ya ha perdido la virginidad del corazón, aunque conserve la virginidad del cuerpo.

Así pues, la virginidad es una virtud mucho más profunda que un mero hecho físico, y tiene que ver con el corazón. De hecho, la gran renovación que trajo Jesús a la religión judía fue convertirla en una religión del corazón y no del cuerpo, una religión del interior y no del exterior. Porque desde el interior se santifica el exterior, y desde el corazón se santifica el cuerpo.

Los fariseos pensaban que la pureza era una cuestión del exterior, y Jesús luchó enérgicamente contra eso, enseñando que lo importante era lo que brotaba del corazón: «Nada que entre de fuera puede hacer impuro al hombre, porque no entra en el corazón, sino en el vientre y se echa en la letrina. Lo que sale de dentro del hombre, eso sí hace impuro al hombre. Porque de dentro, del corazón del hombre, salen los pensamientos perversos, las fornicaciones, robos, homicidios, adulterios, codicias, malicias, fraudes, desenfreno, envidia, difamación, orgullo, frivolidad. Todas esas maldades salen de dentro y hacen al hombre impuro»[35].

La pureza es algo del corazón que afecta al cuerpo, y no al revés. Lo que Jesús nos está diciendo aquí es que no solo manteniendo relaciones sexuales he perdido mi virginidad, sino que si tengo deseos impuros, mi cuerpo también cae en impureza y pierdo la virginidad del corazón. Pero, precisamente por esto, ¿no sucederá lo mismo en sentido contrario? Si después de que mi corazón haya caído, arde ahora en amor casto y en pureza, ¿no afectará también esta pureza a mi cuerpo? Si después de haber perdido la virginidad, restauro en mi corazón la virtud y el deseo

---

[35] *Mc* 7, 18-23.

de la castidad, ¿no afectará esto también a la pureza de mi cuerpo y a su virginidad?

En esa línea van unas palabras de Jesús, dirigidas también a los fariseos: «¡Ay de vosotros, escribas y fariseos hipócritas, que limpiáis por fuera la copa y el plato, mientras por dentro estáis rebosando de robo y desenfreno! ¡Fariseo ciego!, limpia primero la copa por dentro y así quedará limpia también por fuera»[36]. Eso quiere decir que, si limpias tu corazón, también tu cuerpo quedará limpio. Si el Señor, con su gracia, arranca de tu corazón las impurezas, tu cuerpo quedará santificado por la castidad. Si en tu corazón se enciende el fuego de la castidad y la luz de la virginidad, también resplandecerá en tu cuerpo.

Desde aquí podemos releer el texto que hemos citado más arriba en sentido inverso. Si del corazón salen los pecados que hacen al hombre impuro, del corazón salen también las virtudes que lo hacen puro. Igual que si un hombre mira a una mujer y la desea ya ha pecado con ella, si un hombre mira a esa misma mujer con una mirada pura, la pureza puede brotar de su corazón e inundar su cuerpo, haciéndolo puro. Si «lo que sale de dentro del hombre, eso sí hace impuro al hombre», también lo que sale de dentro lo hace puro.

Así pues, la virginidad no es tanto una cuestión del cuerpo como del corazón. El Señor te puede dar un corazón virginal, y a partir de ahí puede restaurar tu virginidad.

Como somos una unidad (porque no nos podemos dividir, y el cristianismo no es una religión dualista[37]), lo que sucede en nues-

---

[36] *Mt* 23, 25–26.

[37] Muchos han acusado de esto al cristianismo, al decir que el hombre está compuesto de cuerpo, alma y espíritu (*1 Ts* 5, 23). Pero tanto la mentalidad judía como la fe cristiana consideran el hombre como un ser

tro cuerpo afecta a nuestro corazón, y viceversa. No hay nada más hermoso que una mirada pura. Y una mirada pura puede venir de una persona que haya cometido los más horrendos pecados sexuales, si su corazón ha sido restaurado por Cristo y la gracia de la castidad ha anidado en él. Nada más sublime que el que un hombre, arrepentido de haber perdido la virginidad, ame con castidad a una mujer y sea capaz de mirarla con pureza y de saber esperar, para vivir con ella el amor tal y como Dios lo quiere.

Pero ¿a qué llamamos corazón? La Biblia nos habla de que el corazón es la sede desde donde el hombre gobierna su vida, de donde surgen los sentimientos, los deseos y las decisiones. No se refiere, claro está, al órgano físico del corazón, sino a lo que podríamos llamar el centro del alma, la conciencia —de hecho, el apóstol san Juan usa la palabra «corazón» para referirse a la conciencia: «Hijos míos, no amemos de palabra ni de boca, sino con obras y según la verdad. En esto conoceremos que somos de la verdad, y tranquilizaremos nuestro corazón ante Él, en caso de que nos condene nuestro corazón, pues Dios es mayor que nuestro corazón y conoce todo. Queridos, si el corazón no nos condena, tenemos plena confianza ante Dios»[38]—. El corazón es el reducto más sagrado que tenemos, el centro de nuestra alma, donde se juega todo. Ahí es donde se libran las mayores batallas y se toman las grandes decisiones; ahí es donde mora el Señor,

---

unitario, «uno en cuerpo y alma» (*Gaudium et Spes,* 14), dotado de facultades no solo físicas, sino también espirituales.

[38] *1 Jn* 3, 18–21. La mayor parte de las biblias en este pasaje traducen «corazón» por «conciencia». La palabra griega *kardía*, que se usa aquí, significa corazón en ese sentido bíblico que estamos explicando: la sede de las decisiones, los deseos y los sentimientos, el centro del alma, la conciencia.

secretamente, mediante su Espíritu Santo; y desde ahí es desde donde Él santifica todo nuestro ser, cuerpo y alma.

La virtud de la virginidad, aunque está directamente relacionada con el cuerpo, tiene que ver sobre todo con el corazón. Y al margen de lo que hayamos hecho y de los pecados que hayamos cometido, el Señor puede restaurar la virginidad en nuestro corazón, puede darnos un corazón virginal. ¿Cómo? Si hacemos un acto de fe en el poder de Dios, nos arrepentimos de nuestros pecados y nos decidimos a vivir con un corazón virgen. Así es como el Señor podrá restaurar la virginidad en nuestro corazón. Y con la ayuda de su gracia, podremos nosotros comprometernos a vivir la integridad de la pureza en nuestro cuerpo y en nuestra alma, para destinar nuestras capacidades sexuales al fin para el que Él las ha creado: para que nos entreguemos con un corazón indiviso a la persona que Él ponga en nuestro camino.

Fíjate qué hermosa es la expresión «con un corazón indiviso». Cuando alguien se consagra en el celibato a Dios, se dice que le sirve «con un corazón indiviso». Del mismo modo, cuando alguien deja atrás su vida de pecado y deja que la gracia del Señor restaure la virginidad en su interior, también se consagra con un corazón indiviso a la persona con la que va a compartir el resto de su vida. Cuando uno ha tenido relaciones sexuales con una o varias personas, es como si su corazón, que está hecho para entregarse a una sola persona, se hubiera roto y dividido, entregándose a una persona o personas que no correspondían. De este modo, se pierde la unidad del corazón[39]. Pues bien, la gracia de la restau-

---

[39] Este hecho es constatable también desde el punto de vista psicológico. Cuando se tiene una entrega tan profunda como la sexual con alguna persona, se crea con ella un vínculo psicológico que puede permanecer abierto —aun cuando esa persona ya haya quedado atrás—. Ese vínculo afectivo que queda abierto puede ser causa de mucho dolor, y en oca-

ración de la virginidad vuelve a unir el corazón, a reconstruir su unidad, para que pueda entregarse totalmente, de una pieza, a aquella persona para la que está destinado (de hecho, la palabra latina «purus», además de «puro», significa también «simple», es decir, íntegro, entero, de una pieza).

La integridad virginal es esa capacidad de ser uno, de unificar todas las fuerzas del cuerpo, el alma, la mente y el corazón, para entregarlas totalmente al plan de Dios, en la propia vocación. En el caso de quien está llamado al matrimonio, la castidad del noviazgo y del matrimonio va enfocada a esa unificación de todas las fuerzas, para ponerlas al servicio de la propia mujer o marido, de la familia, de los hijos. La castidad del noviazgo permite a los novios manifestarse el cariño adecuado al momento en el que viven, pero reservando la entrega total a cuando el compromiso sea definitivo. Y la castidad del matrimonio permite a los esposos amarse con pureza, de un modo exclusivo, haciendo de cada acto sexual un acto de entrega y amor que sella aún más su compromiso, unificando todas las fuerzas de la persona para entregarse a la construcción de la familia en el amor[40].

---

siones es necesario cerrar terapéuticamente ese vínculo psicológico para que la persona pueda entregarse al cien por cien en su actual relación. Esto afecta particularmente a la primera persona con la que se tienen relaciones sexuales, aquella con la que se pierde la virginidad, pues es una persona con la que por primera vez se viven experiencias muy intensas y es imposible de olvidar; con ella se generan unos vínculos psicológicos muy fuertes. Pero no lo olvidemos, el Señor es todopoderoso. Es muy capaz de sanar eso y de transformar también esos vínculos. Lo veremos más adelante.

[40] Efectivamente, también es necesario vivir la castidad en el matrimonio, que supone amar al otro con todo el corazón y hacer de cada acto sexual un acto de entrega total, por amor, sin buscarme a mí mismo y abierto a la vida.

RECAPITULEMOS...

💙 Al comenzar este libro has comenzado un camino, que te va a posibilitar recuperar tu virginidad.

💙 No te va a ayudar a cambiar el pasado, sino a algo mucho más grande: a que Dios transforme por completo tu corazón y lo restaure totalmente, para que puedas vivir el sueño que Él tiene para ti desde toda la eternidad.

A partir de ahora empieza lo más fuerte, lo más grande: el itinerario que Dios te ofrece para que recuperes eso que has perdido, para tener un corazón nuevo. Te invito a acabar este capítulo con una oración en la que le pidas al Señor que este milagro ya empiece a obrarse en ti.

Señor Jesús, envía tu Espíritu a mi corazón, que está roto y dividido; límpialo y renuévalo, tómalo y restáuralo. Tú sabes lo que lo ensucia, y sabes que hay muchas cosas de las que me arrepiento y que han afectado a lo más profundo de mi corazón. Quiero recuperar mi integridad, Señor, quiero recuperar mi virginidad, para poder entregarme sin fisuras, con un corazón nuevo; para poder entregar toda mi vida en el amor. Reunifica mi corazón dividido y restáuralo, Jesús, renuévalo por la fuerza de tu Espíritu Santo, y llénalo con tu amor y con tu paz. Te lo pido, Jesús, sabiendo que me amas, y que siempre me escuchas, y creyendo firmemente que Tú lo puedes todo.

Si quieres, puedes continuar orando tú, con las palabras que te broten del corazón...

Día 6

EL AGUA VIVA DEL ESPÍRITU

Muchas veces he confesado a chicos y chicas que habían caído en algún pecado sexual, o bien masturbación o relaciones sexuales de cualquier tipo; y venían un poco derrotados, sintiéndose incapaces de dejar atrás ese vicio o de no volver a caer. Y siempre les decía lo mismo: les ponía el ejemplo de que, en lo sexual, sentimos como si una gota de tinta negra cayese en un barreño grande de agua cristalina. Esa gota de tinta se va extendiendo y va ennegreciendo toda el agua, sin que haya modo ya de separar el agua limpia del agua turbia... Lo sexual incide tanto en lo más profundo de nuestra intimidad, que tenemos la impresión de que impregna todo. Y parece que, una vez que se ha caído en pecados sexuales, es imposible que eso quede completamente limpio.

Entonces, ¿qué diremos? ¿Que el pecado es más fuerte que la gracia? ¿Que el pecado sí puede mancillar definitivamente al hombre y que la gracia no puede restaurarlo definitivamente? ¿Podemos decir que si un hombre desea a una mujer ya ha pecado con ella, pero no lo contrario? ¡De ningún modo! A veces, los cristianos tenemos esta mentalidad pesimista. A esos chicos y chicas, siempre les digo lo mismo:

—A ver, si tú llevas un mes sin decir una mentira, y mientes una vez, ¿se están invalidando todas las veces que has dicho la verdad?

—No...

—Si tú siempre obedeces a tus padres y haces tus tareas, pero un día no lo haces, ¿invalidas todas las veces que has obedecido o has hecho lo que tenías que hacer?

—Pues no...

—Entonces, ¿por qué si has estado todo un mes viviendo la castidad, ahora por este pecado piensas que toda la pureza anterior ha quedado ensuciada e invalidada?

Es cierto que lo sexual incide en lo más íntimo de nuestro corazón, pero eso no quiere decir que mancille absolutamente todo nuestro ser, como esa gota de tinta que cae en el agua. Por esa mentalidad a veces un poco pesimista, y porque lo sexual toca lo más profundo de nuestro interior y de nuestra conciencia, a veces no comprendemos la gracia que el Espíritu Santo obra en nosotros; una gracia de regeneración, renovación y justificación.

Si hablamos de una gota de tinta negra que cae en el agua, ¡hablemos del agua! Agua pura, cristalina, agua virgen. El agua es un signo bellísimo de la castidad. ¿Existirá un agua que no pueda contaminarse con esa gota de tinta que es el pecado?

En una conversación que mantiene Jesús al borde de un pozo con una mujer que había tenido cinco maridos, y ahora vivía con un hombre que no era su marido, Jesús le dice: «Si conocieras el don de Dios y quién es el que te dice "dame de beber", le pedirías tú, y él te daría agua viva»[41]. (El agua de un pozo es agua estancada, no se mueve. El agua viva es agua que corre, que fluye y sanea). La mujer no entiende a Jesús, y le pregunta a qué agua se refiere. Jesús le responde: «El que bebe de esta agua vuelve a tener sed; pero el que beba del agua que yo le daré nunca más tendrá sed: el agua que yo le daré se convertirá dentro de él en un surtidor de agua que salta hasta la vida eterna»[42].

Es evidente que Jesús está hablando de otra agua, un agua viva, que quita la sed y que da la vida eterna. ¿A qué se refiere Je-

---

[41] *Jn* 4, 10.
[42] *Jn* 4, 13–14.

sús? Nos responde Él mismo en otro pasaje del mismo evangelio: «El último día, el más solemne de la fiesta, Jesús en pie gritó: "El que tenga sed, que venga a mí, y beba el que cree en mí; como dice la Escritura: 'de sus entrañas manarán ríos de agua viva'". Dijo esto refiriéndose al Espíritu, que habían de recibir los que creyeran en Él»[43].

¡El Espíritu Santo es el agua viva de la que habla Jesús! Esa agua que quita la sed, que salta hasta la vida eterna, que no solo no se puede contaminar, sino que limpia y hace puro todo lo que toca.

Nuestro corazón, cuando está herido por el pecado y pierde su pureza, está muerto, y en él no hay vida. Pero el agua del Espíritu lo sana. El Espíritu Santo es capaz de sanear nuestro corazón y hacer que en él haya vida; es capaz de devolverle la pureza y la virginidad; es capaz de eliminar toda la fuerza del pecado y de renovarlo completamente.

A eso se refería Jesús cuando decía que el agua que Él viene a dar se convierte en un surtidor de agua viva que da vida eterna y que quita la sed. Y también dice Jesús que ese surtidor de agua está dentro de nosotros, que no tenemos que ir a buscarlo a ningún sitio. De modo que la fuente que es capaz de regenerar nuestra virginidad está dentro de nosotros, en nuestro propio corazón, totalmente accesible. ¿Cómo puede ser eso?

En el agua del río Jordán se bautizó Jesús, y allí inauguró para nosotros el sacramento del bautismo, que es el sacramento del agua viva del Espíritu. Por medio de él recibimos el don del Espíritu Santo, que viene a habitar en nuestro corazón y que se queda para siempre con nosotros. A veces, la presencia del Espíritu

---

[43] *Jn* 7, 37–39.

en nosotros está aletargada, como una fuente que por su caño soltase solo un goteo, en lugar de dejar pasar toda la fuerza del agua que hay en su interior. Así también nosotros tenemos toda la presencia del Espíritu, pero no siempre los frutos de su gracia son visibles y reales en nosotros. Para que el Espíritu Santo pueda sanear nuestro corazón y devolverle la virginidad, hemos de poner nuestra fe en Dios y creer que Él es todopoderoso y puede hacer milagros en nosotros; y por la confesión tenemos que desatascar el caño, quitando todo lo que lo obstruye e impide que brote la gracia del Espíritu con toda su fuerza.

Porque aunque hayamos recibido en el bautismo el don del Espíritu, la gracia del Espíritu se va desarrollando poco a poco en nuestra vida, contando con nuestra fe y nuestra libertad.

Cuando dejamos que la impureza inunde nuestro corazón, rompemos su unidad e integridad. Sabemos que el Señor puede restaurar y reintegrar nuestro corazón, y devolverle la virginidad mediante la gracia del Espíritu Santo que recibimos en el bautismo, y a la que podemos acceder en cualquier momento, porque está siempre con nosotros[44]. Por tanto, solo es necesario que entremos en nuestro interior y le pidamos al Espíritu Santo que actúe con toda su fuerza y restaure nuestra virginidad.

La obra que el Espíritu lleva a cabo en nosotros es triple: es una obra de regeneración, de renovación y de justificación.

¿Y qué tiene todo esto que ver con recuperar la virginidad?

---

[44] En efecto, el sacramento del bautismo imprime un carácter indeleble en el alma y por tanto no se puede perder (Catecismo de la Iglesia Católica, 698; 1121; 1272–1274). La presencia del Espíritu en nosotros es permanente; y cuando vivimos en comunión con Dios, esta gracia del Espíritu está actuando constantemente en nosotros, y está siempre accesible cuando la pedimos.

San Pablo nos habla así de la triple acción del Espíritu en nosotros: «Antes también nosotros, con nuestra insensatez y obstinación, andábamos por el camino equivocado; éramos esclavos de deseos y placeres de todo tipo, nos pasábamos la vida haciendo el mal y comidos de envidia, éramos insoportables y nos odiábamos unos a otros. Mas cuando se manifestó la bondad de Dios nuestro Salvador y su amor al hombre, no por las obras de justicia que hubiéramos hecho nosotros, sino según su propia misericordia, nos salvó por el baño de regeneración y de la renovación del Espíritu Santo, que derramó copiosamente sobre nosotros por medio de Jesucristo nuestro Salvador, para que, justificados por su gracia, seamos, en esperanza, herederos de la vida eterna»[45].

Lo que san Pablo nos quiere decir, en definitiva, es que, aun después de haber pecado, el baño del bautismo derrama sobre nosotros el Espíritu Santo para devolvernos la esperanza. ¡El Espíritu Santo, con su poder y nuestra fe, es capaz de restaurar lo que habíamos perdido! Por eso te invito a acabar este capítulo orando al Espíritu Santo, para pedirle la renovación de tu interior:

Espíritu Santo, Tú eres el agua viva que puede colmar la sed de mi corazón, que puede apagar la llama de mis vicios. Te pido perdón, porque muchas veces he ignorado tu presencia en mi corazón, y no me he dejado guiar por ti. He seguido la voz de mis instintos, del mundo, de los malos consejeros... y no me he dejado llevar por ti. Ilumíname, Espíritu Santo, ven de nuevo a mi corazón, guía mis pasos a partir de este momento para que siempre escoja el camino de mi propia felicidad.

---

[45] *Tt* 3, 3–7.

Te dejo también aquí una oración del Padre Kentenich al Espíritu Santo que te puede ayudar mucho:

Espíritu Santo, eres el alma de mi alma.
Te adoro humildemente.
Ilumíname, fortifícame, guíame, consuélame.
Y en cuanto corresponde al plan del eterno
Padre Dios, revélame tus deseos.
Dame a conocer lo que el Amor eterno
desea de mí.
Dame a conocer lo que debo realizar,
dame a conocer lo que debo sufrir,
dame a conocer lo que, silencioso,
con modestia y en oración,
debo aceptar, cargar y soportar.
Sí, Espíritu Santo, dame a conocer
tu voluntad y la voluntad del Padre.
Pues toda mi vida no quiere ser otra cosa,
que un continuado y perpetuo Sí
a los deseos y al querer del eterno
Padre Dios. Amén.

Día 7

REGENERADOS, RENOVADOS Y JUSTIFICADOS POR EL ESPÍRITU SANTO

Regenerados por el Espíritu Santo

La palabra «regeneración» es una palabra fuerte[46]. La palabra griega literalmente se puede traducir como «renacimiento, regeneración, recreación, nacer de nuevo». Algo que se regenera es algo que se restablece completamente. Hay animales que son capaces de regenerarse cuando se les amputa una parte de su cuerpo; algunos incluso son capaces de reproducirse mediante una escisión[47].

Ya Jesús le decía a Nicodemo que tener fe en Él implica nacer de nuevo[48]. Ese nuevo nacimiento, que se da mediante el Espíritu Santo, es una auténtica regeneración. Todo nuestro ser es regenerado, reconstituido y recreado. Las rupturas que se dan en nuestro interior son totalmente rehechas, y las heridas que hay en nuestro corazón son completamente sanadas. Esto no hay que entenderlo simbólicamente: que algo suceda de un modo invisible no quiere decir que no sea real.

Junto a la idea de regeneración está la de restauración. Según la Real Academia Española, restaurar es «recuperar o recobrar. Reparar, renovar o volver a poner algo en el estado

---

[46] En griego se dice palingenesía, que viene de pálin, que significa «de nuevo», «otra vez», y «génesis», que significa «nacimiento», «generación», «creación».

[47] Por ejemplo, las estrellas de mar, que no solo regeneran los brazos que se les cortan, sino que incluso si la escisión toca el "corazón" de la estrella puede dar lugar a dos estrellas de mar.

[48] *Jn* 3, 3.

o estimación que antes tenía». El Señor tiene también poder restaurador, que nos hace recuperar y recobrar la gracia perdida; su Espíritu restaura nuestro corazón y nuestra virginidad. Así, el corazón puede volver al estado que tenía antes de que la perdiéramos.

💙 El bautismo no se pierde, y sus frutos pueden renovarse cada vez, porque es un sacramento que imprime carácter.

💙 El Espíritu Santo está siempre en nosotros, y desde nuestro interior puede regenerarnos si se lo pedimos con fe.

💙 Puedes pedirle al Espíritu Santo que sane y unifique tu corazón, que te devuelva la integridad y la virginidad, que te conceda nacer de nuevo.

Renovados por el Espíritu Santo

La palabra griega «renovación» es también una expresión con un significado muy profundo[49]. No significa remodelar algo o darle un toque de novedad, sino que significa «hacer nuevo algo totalmente». Según dice san Pablo, el Espíritu Santo puede hacernos verdaderamente nuevos: «Quien está en Cristo es una criatura nueva. Lo antiguo ha pasado, ha comenzado lo nuevo»[50]. La gracia del Espíritu Santo puede renovarnos por entero y hacernos criaturas nuevas, de modo que quede atrás toda la fuerza del pecado en nuestras vidas. El mismo Jesús dice en el Apocalipsis: «He aquí que yo hago nuevas todas las cosas»[51].

---

[49] *Anakainósi'* viene de *aná*, que significa «de arriba abajo», y *kainós*, que significa nuevo. Es renovar completamente, hacer nuevo algo de arriba abajo.

[50] *2 Co* 5, 17.

[51] *Ap* 21, 5.

Al igual que Dios puede hacernos de nuevo, el Espíritu Santo puede darnos un corazón nuevo. El profeta Ezequiel utiliza unas palabras que podemos aplicar a la renovación de la virginidad en nuestro corazón: «Derramaré sobre vosotros un agua pura que os purificará: de todas vuestras inmundicias e idolatrías os he de purificar; y os daré un corazón nuevo, y os infundiré un espíritu nuevo; arrancaré de vuestra carne el corazón de piedra, y os daré un corazón de carne. Os infundiré mi Espíritu, y haré que caminéis según mis preceptos, y que guardéis y cumpláis mis mandatos»[52].

El agua pura del bautismo te infundió el Espíritu del Señor, que vino a habitar en tu corazón. Y aunque por el pecado hayas perdido la virginidad, la presencia del Espíritu Santo sigue en tu corazón, porque los dones del Señor son irrevocables[53]. Desde ahí, el Espíritu puede hacer una obra de renovación en ti, y darte un espíritu nuevo y un corazón nuevo; no un corazón roto y desfigurado por el pecado, sino un corazón verdaderamente nuevo.

Recuerda lo que decíamos el segundo día: no importa lo que te llevara a perder tu virginidad, ni cuántas veces hayas podido tener relaciones sexuales con personas con las que no tenías el compromiso definitivo. Aquí y ahora el Espíritu Santo puede darte un corazón nuevo, a estrenar, para que tú se lo entregues al hombre o a la mujer de tu vida, un corazón virginal, completamente regenerado y renovado, capaz de amar con todas sus fuerzas y de entregarse totalmente.

También san Pablo nos habla de esta vida nueva que ha venido a traernos el Espíritu: «Despojaos del hombre viejo y de su anterior modo de vida, corrompido por sus apetencias se-

---

[52] *Ez* 36, 25–27.
[53] *Rm* 11, 29.

ductoras; renovaos en la mente y en el espíritu y revestíos de la nueva condición humana creada a imagen de Dios: justicia y santidad verdaderas»[54]. Solo el Espíritu Santo puede obrar la renovación de nuestra mente y nuestro espíritu, dándonos una nueva condición humana, renovada y reintegrada, haciéndonos recuperar la imagen de Dios y la pureza de nuestro corazón.

Como barro en manos del alfarero

Hay una imagen bellísima que usa la Biblia para hablar de la obra de Dios en nosotros, diciendo que Él trabaja nuestro barro como un alfarero:

💙 **El salmo 33 habla de cómo Dios modela cada corazón:** «Él modeló cada corazón, y comprende todas sus acciones»[55]. ¡Qué preciosidad! Él modeló tu corazón, y sabe que los errores que has cometido los has hecho buscando tu felicidad; a veces de un modo torpe y egoísta, a veces de un modo bello y desinteresado; a veces conscientemente, y a veces muy inconscientemente. Él comprende todas tus acciones, y su misericordia te reviste por dentro y por fuera, te sana, te restaura, te regenera y te renueva. Sus manos siguen modelando tu barro, sus manos —que son Cristo y el Espíritu Santo— siguen actuando constantemente en ti para hacer de ti una obra preciosa de Dios.

💙 **Cuando el barro no se deja modelar por el Alfarero:** Es verdad que nuestro barro muchas veces no se deja hacer por Dios. No hemos dado fe a su palabra, y hemos preferido

---

[54] *Ef* 4, 22–24.
[55] *Sal* 33, 15.

alejarnos de Él y pecar, perdiendo así nuestra inocencia y entregando nuestro corazón a quien no debíamos. Nos ha pasado lo que dice Isaías: «¡Cuánta perversión! Como si el barro fuera igual que el Alfarero, para que la obra diga a su artífice: "No me ha hecho", y la vasija diga al alfarero: "Este no entiende nada"»[56]. Él nos intenta modelar, pero nosotros muchas veces no nos dejamos.

💙 **El Alfarero, viendo una vasija mal torneada, puede volver a hacerla de nuevo:**

Así es como se lo dice el Señor al profeta Jeremías:

«"Anda, baja al taller del alfarero, que allí te comunicaré mi palabra". Bajé al taller del alfarero, que en aquel momento estaba trabajando en el torno. Cuando le salía mal una vasija de barro que estaba torneando (como suele ocurrir al alfarero que trabaja con barro), volvía a hacer otra vasija, tal como a él le parecía. Entonces el Señor me dirigió la palabra en estos términos: "¿No puedo yo trataros como este alfarero, casa de Israel? Pues lo mismo que está el barro en manos del alfarero, así estáis vosotros en mi mano"»[57].

💙 **Dios no es un chapuzas; es un artista que lo hace todo bien:**

Para que el Señor pueda renovar tu barro y darte un corazón nuevo y virginal, solo te pide dos cosas: fe y obediencia. Es decir, que creas que Él puede hacer esta obra de renovación en ti y que de aquí en adelante te fíes de Él y le obedezcas, haciendo su voluntad. Entonces Él te hará una obra perfecta suya. Porque Dios no es un chapuzas; es un Artista que lo hace todo bien.

---

[56] *Is* 29, 16.
[57] *Jr* 18, 2–6.

¿Cómo puede el Señor modelarnos de nuevo, cuando hemos perdido la virginidad? Aunque hayamos perdido la virginidad y no nos hayamos sometido a las manos de Dios, estropeando su obra, el Artista es más poderoso que todo nuestro pecado. Y puede coger nuestro barro, humedecerlo con el agua de su Espíritu y volver a modelarlo, renovándolo totalmente. Puede darnos un corazón nuevo, virginal y casto, según su voluntad.

Puedes rezar ahora este texto de san Ireneo, en el que nos invita a dejarnos modelar por Dios. Léelo aplicándolo a la renovación de tu virginidad:

«Ya que eres obra de Dios, contempla la mano de tu artífice, que hace todas las cosas en el tiempo oportuno, y de igual manera obrará oportunamente en cuanto a ti respecta. Pon en sus manos un corazón blando y moldeable, y conserva la imagen según la cual el Artista te plasmó; guarda en ti la humedad, no vaya a ser que, si te endureces, pierdas las huellas de sus dedos. Conservando tu forma subirás a lo perfecto, pues el arte de Dios esconde el lodo que hay en ti. Y por este motivo, si le entregas lo que es tuyo, es decir, tu fe y obediencia a Él, entonces recibirás de Él su arte, que te convertirá en obra perfecta de Dios»[58].

JUSTIFICADOS POR EL ESPÍRITU SANTO

En el texto de san Pablo a Tito que leíamos en el capítulo 6, leíamos que el Espíritu Santo, que nos regenera y nos renueva, obra en nosotros la justificación; es decir, que nos hace

---

[58] SAN IRENEO DE LYON, *Adversus Haereses* IV, 39, 2.

justos, nos justifica. ¿Qué significa esta expresión? Los judíos pensaban que uno conseguía la justicia por sus propias fuerzas cuando cumplía la Ley, de modo que el que no cumplía la Ley no era justo. Cuando vino Jesús, nos transmitió el don de la fe; y san Pablo enseña que lo que nos hace justos no es el cumplimiento de la Ley, puesto que nadie puede cumplirla perfectamente; lo que nos hace justos es el don de la fe, que nos da la gracia del Espíritu Santo. Eso es lo que recoge el diccionario de la RAE en una de las acepciones de la palabra «justificar»: «hacer justo a alguien dándole la gracia».

San Pablo emplea la idea de la justificación en relación con el uso adecuado de nuestro cuerpo: «Vosotros fuisteis lavados, santificados, justificados en el nombre del Señor Jesucristo y en el Espíritu de nuestro Dios. El cuerpo no es para la fornicación, sino para el Señor; y el Señor, para el cuerpo»[59]. Lo que san Pablo nos enseña aquí es que hemos sido lavados, santificados y justificados por el don del Espíritu Santo; y nos invita a todos los cristianos a no volver al mal comportamiento anterior, una vez que el Señor nos ha justificado. Con sus palabras nos recuerda que, por el bautismo, nuestros cuerpos se convierten en templos del Espíritu Santo.

Cuando el Espíritu Santo nos justifica, no lo hace como algo exterior, que queda fuera de nosotros. No es como cuando alguien es culpable y nosotros lo justificamos; esa sería una justificación exterior, que no toca el corazón de la persona. La justificación que obra el Espíritu Santo está en relación con la regeneración y la renovación. El Espíritu transforma de tal modo nuestro ser que nos justifica totalmente, nos devuelve

---

[59] *1 Co* 6, 11. 13.

la justicia original, nos hace verdaderamente santos e inocentes ante el Señor.

En una de sus parábolas, Jesús pone el ejemplo de dos hombres que subieron al templo a orar; uno de ellos, fariseo, solo se dedicaba a dar gracias a Dios porque era mejor que los demás; mientras que el otro, humillado, no se atrevía ni a levantar los ojos al cielo para decir: «Señor, ten compasión de mí que soy un pecador». Y Jesús dice que este último se fue justificado y el otro, no[60]. El Señor, para hacernos completamente justos e inocentes, lo único que quiere es que seamos humildes y reconozcamos nuestros pecados ante Él, y entonces Él, por su Espíritu, obrará esta justificación en nosotros y nos transformará por entero, devolviéndonos la inocencia.

Una de las malas consecuencias de vivir la sexualidad fuera del contexto para el que Dios la ha creado es que nos hace perder la inocencia. Para poder recuperarla de nuevo es necesaria la acción del Espíritu Santo, que hace que seamos justificados de corazón (conviene matizar aquí que, cuando digo «inocente», no me refiero a «ingenuo»; uno puede ser inocente, y vivir la sexualidad inocentemente, es decir, de un modo justo y bello, sin mezclar en ella el dominio ni la lujuria. ¡Qué hermoso es cuando se tienen relaciones sexuales sin mancillar la inocencia del otro, sino buscando juntos expresar el amor del modo más profundo posible y entregándose totalmente al otro, sin reservas, con un corazón puro e indiviso!).

Justo después de la parábola del fariseo y el publicano a la que nos acabamos de referir, Jesús dice:

---

[60] *Lc* 18, 9–14.

«Dejad que los niños vengan a mí y no se lo impidáis, porque de los que son como ellos es el reino de Dios. En verdad os digo, el que no reciba el reino de Dios como un niño, no entrará en él»[61].

El Espíritu Santo devuelve la infancia a nuestro corazón y lo hace inocente de nuevo, como el de un niño, para que, aunque hayamos podido cometer errores, a partir de ahora comencemos de nuevo y hagamos las cosas como Dios manda. Con la gracia de Dios, nunca es tarde para volver a empezar.

Puedes rezar así:

¡Espíritu Santo, regenera mi corazón! Tú estás en mí, en lo más hondo de mi alma. Yo he profanado tu templo, que es mi cuerpo, por el pecado, pero Tú puedes reconstruirlo.

¡Regenera en mí la virginidad, devuélveme la pureza, hazme nacer de nuevo, crea en mí un corazón virgen! Que a partir de hoy nazca de nuevo la virginidad en mí, de modo que todo mi ser se guarde para poder entregarse a la persona con la que compartiré mi vida. Restáurame, Señor, restaura la pureza y la virginidad en mi corazón, para que pueda realizar tu plan original para mí. ¡Oh Dios, restáurame! ¡Que brille tu rostro y me salve! Renuévame, Espíritu de Dios, hazme de nuevo, modela un corazón nuevo en mi interior como el alfarero modela el barro. Devuélveme la inocencia, Espíritu Santo, justifícame, dame un corazón de niño. Sí, Espíritu Santo, te cedo el poder sobre mi vida. Haz tu obra en mí.

---

[61] *Lc* 18, 16–17.

Día 8

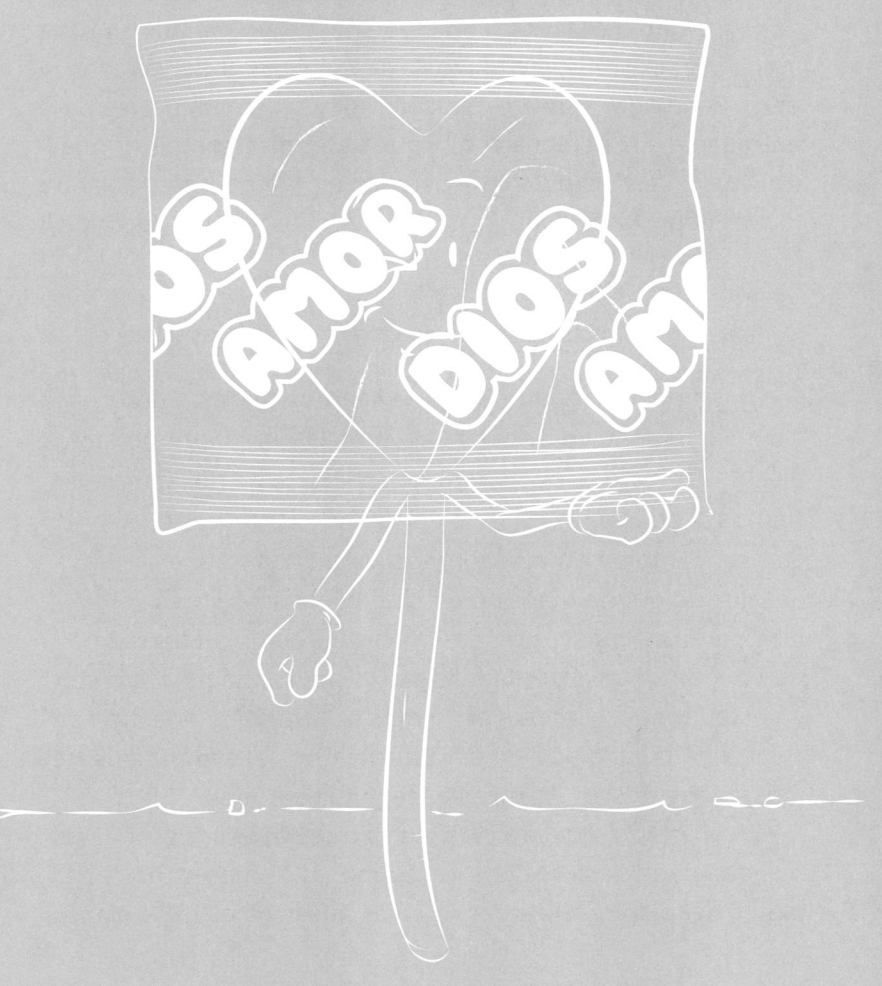

RESTAURADOS POR EL AMOR MISERICORDIOSO DE DIOS

Hasta ahora hemos trazado un camino para recuperar la virginidad del corazón. Hemos recordado la importancia de la virginidad, y hemos dicho que, a pesar de que hayamos podido perderla, el poder de la fe y del arrepentimiento pueden hacer que la recuperemos, porque el sacramento del bautismo nos da el don del Espíritu Santo que nos regenera, nos renueva y nos justifica, devolviéndonos así la virginidad del corazón, y permitiendo que nuestro corazón roto vuelva a unificarse para entregarse a la persona con la que queremos compartir nuestra vida. En este capítulo me detengo un momento a hablar de lo más importante de todo: el amor de Dios y su misericordia.

1. Dios no quiere marionetas, sino hijos

Dios nos ha creado para que seamos felices. Para poder ser felices, es necesario que seamos libres, y que podamos elegir; en efecto, si no tuviéramos libertad, no nos diferenciaríamos de los animales, y no podríamos ser felices en sentido estricto. Simplemente, viviríamos lo que nos toca.

Dios no quería marionetas, sino hijos; hijos libres como Él, inteligentes y capaces de amar. Nos ha dado la libertad para que podamos alcanzar la felicidad. Y no nos ha dejado ciegos en este mundo, sino que en lo más profundo de nuestra conciencia ha puesto su Ley, para mostrarnos el camino que hemos de seguir si queremos conseguir la felicidad.

Sin embargo, nuestra conciencia muchas veces está desdibujada, y nos pasa como a los primeros hombres: nos apartamos del plan de Dios para buscar nuestros propios planes, damos la espalda a su Ley y utilizamos mal nuestra libertad. El Señor, que es un Padre bueno, nos espera con paciencia, y pone en nuestra vida mensajeros y circunstancias que nos remiten a Él y nos devuelven a su lado —si sabemos verlos y escucharlos—. Porque el Señor nos ama, y quiere que volvamos a Él. ¡Pero no porque Él nos necesite! Somos nosotros los que le necesitamos a Él.

2. Dios está empeñado en nuestra felicidad

Dios nos ama con todo su corazón, y está empeñado en nuestra felicidad más que nosotros mismos. No nos ama porque espere algo de nosotros, sino porque Él es Amor; es el Amor eterno, incombustible, que arde siempre. Nos ha creado por amor, y nos llama a compartir su misma vida, a vivir eternamente en comunión con Él.

3. El hermoso drama que recorre la historia de la salvación: Dios nos busca cuando nos perdemos

Nosotros muchas veces le damos la espalda y buscamos nuestro propio camino. Entonces el Corazón de Dios queda herido de amor, y viene a buscarnos. Este drama de amor recorre toda la historia de la salvación. En la Biblia resuena con frecuencia esta queja del corazón de Dios, enamorado de la humanidad, que va tras ella y no encuentra más que desprecios:

3.1. La encontramos en el profeta Isaías, en una imagen de Dios anhelante, con las manos tendidas hacia los que ama:

«Me he dejado consultar por los que no preguntaban, me han encontrado los que no me buscaban; he dicho: "Heme aquí, heme aquí" a un pueblo que no invocaba mi nombre. Tenía mis manos extendidas todo el día hacia un pueblo rebelde, que va por mal camino, detrás de sus proyectos»[62].

3.2. El profeta Oseas presenta la relación de Dios con su pueblo como el amor de un hombre por su esposa, a la que ama; esa esposa le es infiel y se prostituye. El esposo la espera, y finalmente la acoge, arrepentida, perdonándole su infidelidad:

«¿Cómo podría abandonarte o entregarte? Se conmueve mi corazón, se estremecen mis entrañas...»[63]; «Yo sanaré su infidelidad, los amaré graciosamente»[64]; «Me desposaré contigo para siempre, me desposaré contigo en justicia y en derecho, en misericordia y en ternura, me desposaré contigo en fidelidad y conocerás al Señor»[65].

¡El Señor nos acoge de nuevo! Su mirada amorosa va más allá de nuestra infidelidad, la sana y nos desposa de nuevo.

3.3. En el evangelio según san Lucas, el Señor nos muestra al Padre como un pastor preocupado por la oveja que se le ha escapado, como una mujer que busca cuidadosamente una moneda, como un padre que espera todos los días a que su hijo desagradecido vuelva, y que cuando lo ve, lo cubre de besos y restaura completamente su dignidad[66]... Este evangelio es fundamental, y te recomendaría que leas despacio el capítulo 15 de san Lucas, porque en él vemos que cuando el pas-

---

[62] *Is* 65, 1–2.
[63] *Os* 11, 8.
[64] *Os* 14, 5.
[65] *Os* 2, 21–22.
[66] *Lc* 15.

tor encuentra la oveja descarriada, cuando la mujer encuentra la moneda, cuando el hijo vuelve a la casa del padre, Dios hace una fiesta. Si nunca hubiera perdido la oveja, la moneda, al hijo... nunca habría hecho una fiesta.

Centrémonos en la parábola del hijo pródigo. Es como si fuese necesario que el hijo se perdiera para darse cuenta de lo valioso que era para su padre. El hijo le pide al padre la parte que le toca de la fortuna. (En el tema que nos interesa, Dios nos ha dado el don de la sexualidad como un don muy especial, y nos ha dado el don de la virginidad como un inmenso regalo para compartirlo con alguien a quien hemos de entregarnos totalmente y para siempre). Pero el hijo se va de casa, y dice la Biblia que consumió sus bienes «viviendo perdidamente»[67]. El hermano mayor nos especifica más, diciéndole al padre que «se ha comido tus bienes con malas mujeres»[68]. Los bienes del padre no eran para eso, pero el hijo los usa mal, pensando que así sería feliz.

Si has perdido la virginidad, has usado mal los dones de Dios, y los has consumido con quien no correspondía, malgastándolos. Quizá después te has convertido, o te has dado cuenta de que habías hecho mal, o has empezado a salir con alguien que quiere vivir la pureza y ahora piensas que quieres vivirla tú también.

El hijo pródigo, después de consumir sus bienes, empezó a pasar hambre y necesidad; y entonces entró dentro de sí mismo, se dio cuenta de lo bien que estaba en la casa del padre, y se puso en camino[69]. Así también tú, después de darte cuenta

[67] *Lc* 15, 13.
[68] *Lc* 15, 30.
[69] *Lc* 15, 17–20.

de que te has equivocado, recapacitas y decides volver al plan original de Dios sobre tu vida. Pero quizá, igual que el hijo, vas con una actitud de derrota, de indignidad, de esclavo.

Esto vale particularmente para ti, que quizá has perdido tu virginidad de un modo inconsciente; o para ti, que después de haber tenido relaciones sexuales con otras personas has empezado a salir con un chico o una chica vírgenes que se han guardado a sí mismos para ti. Quizá eso te ha hecho darte cuenta del precioso don que has perdido, un don que no era para esa persona o personas a las que se lo entregaste, sino para el hombre o mujer de tu vida, que te ha estado esperando. Eso, quizá, te hace tener una actitud derrotista, quizá te humilla, quizá te hace, de algún modo, bajar la cabeza. Pero si te vuelves al Padre, no encontrarás en Él una mirada de reproche, sino una mirada de misericordia.

Como el padre de la parábola, Él te abraza, te cubre de besos, te viste la mejor túnica, te pone un anillo en la mano, unas sandalias en los pies, y celebra un banquete por ti[70]. Porque para Él lo más importante no es lo que hayas hecho, sino que te des cuenta de que te ama con todo su ser, de que quiere que seas feliz; y como hemos visto a lo largo de este libro, su amor, su gracia y su misericordia son más poderosos que todo tu pecado.

Y Él vuelve a restaurar tu dignidad, también en lo que respecta a tu virginidad. Te abraza y te cubre de besos, mostrándote su inmenso amor. Te pone la mejor túnica, no tu antigua túnica, sino una nueva, la mejor, como un signo de la regeneración que obra en ti[71]. Te pone un anillo en la mano, como

---

[70] *Lc* 15, 20–24.
[71] En el sacramento del bautismo, los recién bautizados son revestidos con una túnica blanca, signo de la pureza de su alma. Esta pureza es

signo de esa alianza de amor que hace contigo, de esa renovación que obra en ti, porque te hace de nuevo, y te desposa como un esposo a su esposa virgen; es la alianza nueva y eterna, definitiva, que hace contigo, por la cual renueva tu corazón. Y te pone unas sandalias en los pies, para que ya no seas esclavo, sino libre; para que tus pies ya no se manchen al caminar, te devuelve la inocencia de la justificación para que camines en una vida nueva. Y hace una fiesta, sacrificando el ternero cebado. Esta expresión es un signo de la muerte que Jesús ha sufrido por ti en la cruz, para restaurar tu corazón.

3.4. San Pablo, en la Carta a los Efesios, recoge el sacrificio de Jesús:

«Cristo amó a su Iglesia: Él se entregó a sí mismo por ella, para consagrarla, purificándola con el baño del agua y la palabra, y para presentársela gloriosa, sin mancha ni arruga ni nada semejante, sino santa e inmaculada»[72].

Este texto te lo puedes aplicar a ti mismo. Cristo se ha entregado por ti, para consagrarte, purificándote, y para volver a hacerte glorioso, gloriosa; sin mancha ni arruga, santo e inmaculado, santa e inmaculada. Cristo se ha entregado por ti, para que puedas ser feliz, aunque hayas cometido errores; ha muerto por ti, para renovar tu corazón y devolverte la virginidad para que puedas cumplir tu vocación. Cristo te devuelve la posibilidad de que te entregues a tu futuro esposo o esposa con un corazón virginal, recuperando el don que has perdido, para que a partir de ahora lo pongas al servicio del amor y de la entrega.

---

la que te concede el don del Espíritu Santo cuando regenera tu corazón virginal.

[72] *Ef* 5, 25-27.

Seguro que esto te sirve para que te vuelvas al Señor y experimentes de un modo aún más profundo su misericordia; para que puedas sentir dentro de ti cuánto te ama; para que seas agradecido y humilde con Él, y recuperes la sencillez y la inocencia del corazón.

3.5. En una ocasión, una mujer pecadora entró donde estaba Jesús, empezó a regar con lágrimas sus pies, a secarlos con su cabello y a ungirlos con perfume. Un fariseo se escandalizó, pero Jesús le dijo: «Sus muchos pecados han quedado perdonados, porque ha amado mucho; pero al que poco se le perdona, ama poco»[73].

¿Has visto? Si te das cuenta de tus pecados, te arrepientes, y empiezas a amar de verdad, entonces el Señor te perdona y te restaura. Quizá si hubieras tenido poco de lo que ser perdonado, no te habrías dado cuenta de cuánto te ama el Señor, y le habrías amado poco. El amor de Dios se ha vuelto misericordia cuando el hombre ha introducido el pecado en este mundo. El amor de Dios se ha vuelto amor de cruz, para perdonar y restaurar al hombre.

3.6. Todos estos textos, de inmensa belleza, que muestran el amor de Dios por nosotros, sus criaturas, no están solo recogidos en la Biblia. La liturgia dice:

«¡Oh feliz culpa que mereció tal Redentor!»[74]. Y hay una antigua homilía que te puede servir para ver el amor que te tiene Jesús:

---

[73] *Lc* 7, 47.
[74] MISAL ROMANO, Pregón Pascual.

«Contempla los salivazos de mi cara, que he soportado para devolverte tu primer aliento de vida; contempla los golpes de mis mejillas, que he soportado para reformar, de acuerdo con mi imagen, tu imagen deformada; contempla los azotes en mis espaldas, que he aceptado para aliviarte del peso de los pecados, que habían sido cargados sobre tu espalda»[75].

RECAPITULEMOS...

💙 El Señor te restaura, restaura la virginidad de tu corazón y te hace una nueva criatura.

💙 El Señor transforma tus errores pasados en una ocasión para que experimentes cuánto te ama, para que aprendas y ya nunca te apartes de Él ni de su plan de amor.

💙 Del mismo modo, si estás con una persona que se ha guardado para ti, míralo como un regalo, como un milagro de misericordia. Porque esa persona es una imagen del amor de Dios para ti. Igual que Dios no te mira juzgándote, sino que restaura tu dignidad, también tu novio o novia te mira con un amor más grande que lo que hayas podido hacer antes de estar con él o con ella. Te ama tanto, que te ama con tu historia, con tu pecado; y su mirada pura sobre ti también puede ayudar a restaurar tu virginidad; porque a través de ella es Dios quien te está mirando con misericordia para poder sanar tu corazón.

---

[75] ANÓNIMO, Homilía antigua sobre el grande y santo Sábado.

💙 No lo veas, pues, como una derrota, como si hubieras perdido algo que no va a volver. Míralo como una victoria de la misericordia de Dios sobre tu corazón, que ha dejado atrás definitivamente el pecado, ha sido regenerado y restaurado por Cristo, y ahora es capaz de guardarse virginalmente hasta el momento adecuado, ante la mirada llena de amor y de misericordia de aquel o aquella que ahora te acompaña.

Día 9

SANANDO LAS CONSECUENCIAS DE MIS ERRORES

Un tema que no hemos tocado hasta ahora son las consecuencias que pueden haber tenido tus relaciones sexuales; no me refiero a las consecuencias internas en ti, sino a las consecuencias externas y objetivas que pueden haberse seguido, y que quizá necesitan una sanación. Sitúo este capítulo aquí, después de hablar de la mirada misericordiosa de Dios, porque es importante que sea desde esta mirada que el Señor ha tenido sobre ti como debes mirar a esas posibles consecuencias de tus actos, de modo que la misericordia de Dios pueda también sanarlas y transformarlas. Cuatro son las consecuencias que hemos de abordar aquí, para que la restauración de tu virginidad sea completa: el pecado en que hiciste caer a otras personas, los embarazos y los hijos que hayan podido venir, el uso de la píldora del día después y los abortos que quizá se hayan podido cometer.

1. EL PECADO EN QUE HICISTE CAER A OTRAS PERSONAS

Aunque ya hemos entrado un poco en este tema en el capítulo del arrepentimiento, siento que aquí debo abordarlo con mayor detenimiento. Obviamente, uno no pierde la virginidad solo. En una ocasión, un joven me dijo: «Ya sé por qué el pecado sexual le gusta tanto al diablo: porque pecan dos a la vez». Me pareció una afirmación curiosa y acertada; como si el diablo matara dos pájaros de un tiro. Es cierto: el pecado sexual es un pecado compartido. Cuando las relaciones sexuales no se tienen en el ámbito del matrimonio, del amor, la entrega, el respeto y la comprensión, estoy pecando y haciendo pecar al otro, aunque no sea consciente del todo; le estoy entregando al otro algo que no le corresponde; y estoy tomando de él o de ella algo que no era para mí.

Esto puede ser duro, pero recuerda que estás ya en el camino de la regeneración de tu propia virginidad. Esta mirada no es para que bajes la cabeza, sino para pedir sanación también de las consecuencias que en otros hayan podido tener tus errores. Pide perdón al Señor no solo por haber caído, sino por haber hecho caer; pídele al Señor que restaure también la virginidad en las otras personas con las que hayas tenido relaciones sexuales; pídele que sane las heridas que tu relación les haya podido causar.

En el Credo decimos que «creemos en la comunión de los santos». Esto quiere decir que los hombres, especialmente los cristianos, estamos unidos por vínculos espirituales, y que el bien que hacemos revierte de un modo invisible en el bien de los demás. Igual que si yo miro con odio a alguien, puedo suscitar en él el mal, o que si le robo algo, puedo suscitar en él la ira o la venganza, también sucede lo mismo con el bien. El bien que hacemos también saca bien de los otros, y los santifica; pero no solo porque visiblemente alguien vea que hacemos algo bien y nos imite. También invisible y espiritualmente estamos «conectados» por el Espíritu en la comunión de los santos, y los méritos de unos afectan a los demás, y la santidad de unos favorece también a los demás. Es este un gran misterio. Un sacerdote alemán que escribió un librito de oraciones en verso en el campo de concentración de Dachau, lo expresa así en una de ellas:

Estoy tan íntimamente ligado a los míos
que yo y ellos nos sentimos siempre un solo ser:
de su santidad vivo y me sustento
y, aun, gustoso estoy dispuesto a morir por ellos.

Estoy tan entrañable y fielmente unido a ellos,
que desde dentro una voz me dice siempre:
«En ellos repercuten tu ser y tu vida,
deciden su aflicción o acrecientan su dicha[76].

¡En ellos repercuten tu ser y tu vida! Aunque hayas roto con esa persona con la que tuviste relaciones sexuales e incluso ya no sepas nada de ella, no quiere decir que lo que tú vivas no pueda repercutir en su propia vida. Si el Señor restaura la virginidad de tu corazón, esa gracia puede afectar también a esa persona.

Por eso, esta restauración de tu virginidad no es solo para ti. También puede hacer que el Señor saque un bien de este proceso para esas personas con las que tuviste relaciones sexuales. Mira, pues, hacia ellas, y ora por ellas. Pídele al Señor que sane esos vínculos, que restaure su dignidad. Míralas con misericordia, con una mirada de perdón, trata de sacar ante Dios todo el rencor que puedas sentir o toda la tristeza que te pueda causar pensar en ellas, y deja entrar la gracia del Espíritu, no solo para ti, sino también para esas personas. Siente cómo el Espíritu Santo desde ti influye en esas personas, y cómo el amor misericordioso de Dios entra en sus vidas y las sana, gracias al proceso que estás haciendo y a tu oración.

---

[76] JOSÉ KENTENICH, *Hacia el Padre,* estrofas 470–471.

El Señor nos dijo que los verdaderos cristianos aman incluso a los enemigos. Quizá puedas ver así, o de un modo parecido, a alguna de las personas con las que has tenido relaciones sexuales. El Señor no quiere decir que tengas que ser su mejor amigo; quiere decir que intentes perdonarle, que no lleves cuentas del mal, que ores por su sanación, que le pidas al Espíritu Santo que, por ese vínculo que os unió, Él llegue también a su vida y la transforme. Incluso te animo a que pidas perdón a Dios por sus pecados, por los de la otra persona. Ella quizá nunca lo hará, y como tú tuviste parte en ellos también, pídele perdón de su parte, para que no haya ningún obstáculo ni a tu sanación ni a la suya. Eso es el mayor acto de amor que puedes hacer por esas personas. Como decía san Esteban justo antes de morir apedreado: «Señor, no les tengas en cuenta este pecado»[77].

Y una vez hecho esto, déjalas marchar. No sigas enganchado, ni en un sentido ni en otro, ni por la nostalgia ni por el rencor. Esas personas son dueñas de su vida; y su vida es una historia personal de amor entre ellas y Dios. Dios se cuida de ellas; déjalas en sus manos y continúa tu camino. Tienes una eternidad por delante.

Quizá hay muchas cosas que hoy no puedes hablar y se te quedan en el tintero con personas que han sido importantes para ti. Cuando llegues a la vida eterna, las podrás hablar. Estoy sinceramente convencido de que solo allí quedará claro todo lo que hay en nuestro corazón y se podrá dar la reconciliación perfecta con todos aquellos que nos han herido o a los que hemos herido por el camino.

---

[77] *Hch* 7, 60.

2. LOS HIJOS

Aunque seguramente hayas usado métodos anticoncepti-vos en tus relaciones sexuales, estos no impiden los embarazos al cien por cien. O quizá por alguna causa has tenido relaciones sexuales sin usarlos. Sea como sea, quizá tus relaciones fuera del matrimonio han dado lugar a un embarazo y a un hijo. La primera reacción cuando esto sucede, si el embarazo es inesperado, es de una amarga sorpresa y de rechazo. Tengo que reconocer que esto no deja de llamarme la atención, por dos motivos: el primero, porque no hay que ser doctor en biología para saber que las relaciones sexuales están en relación directa con la transmisión de la vida. Y en segundo lugar, porque toda vida merece la pena y es preciosa a los ojos de Dios. ¡Sí! Estoy sinceramente convencido de que, incluso cuando un embarazo viene fuera del matrimonio y de un modo inesperado, debe ser acogido con alegría. Porque el hecho de que una nueva vida pueda venir de un error no quiere decir que ella misma sea un error.

Toda vida es valiosa y merece la pena. Y un hijo es una de las mayores alegrías que uno puede recibir, incluso aunque venga cuando uno no lo espera. Da un profundo sentido a la vida, y nos hace descubrir que no estamos llamados a vivir para nosotros mismos, sino para los demás; nos enseña que nuestra vida no es para guardarla, sino para entregarla y que hay más alegría en dar que en recibir. Por eso, si de tus relaciones sexuales ha venido al mundo una nueva vida, has sido instrumento de la acción creadora de Dios, que ha colaborado contigo, a través de tus errores, para dar lugar a una nueva criatura, digna de ser amada y llamada a una vida eterna. ¡Es maravilloso! Nunca deberíamos acostumbrarnos al don de la vida. Es un milagro.

Desde ahí hemos de pensar que ningún ser humano debería venir a este mundo de un modo indeseado ni inesperado. Pues por más que se pongan medios para evitar el embarazo, este puede suceder, porque es una consecuencia intrínseca a las relaciones sexuales. Por eso, cada acto sexual debería realizarse con la conciencia de que puede dar lugar a una nueva vida. A eso la Iglesia lo llama «paternidad responsable»: es una llamada a ser responsables de nuestros actos, como una consecuencia de nuestra libertad asumida de un modo maduro y alegre.

En nuestro mundo se vende una disociación entre sexualidad y fecundidad, como si fueran dos cosas diferentes. Esto hace que muchas veces tengamos relaciones sexuales inconscientemente y pensando que no tendrán consecuencias. Y sin embargo, sexualidad y fecundidad son dos cosas que están íntimamente relacionadas.

Si eres padre de algún hijo o hija nacidos de tus relaciones sexuales fuera del matrimonio, quizá tengas que reconciliarte con tu paternidad. Si ese embarazo te causó perplejidad o miedo o ira, y si lo rechazaste, eso ha podido influir en tu hijo o hija, porque ellos sienten lo que nosotros les transmitimos.

Todo hijo tiene derecho a un padre y una madre. Si este es tu caso, es necesario que te reconcilies con tu paternidad y veas a tu hijo o hija como un don de Dios, precioso y digno de ser aceptado y amado.

Pídele al Señor que sane en tu hijo o en tu hija las consecuencias que hayan podido tener tus sentimientos negativos hacia él o ella, de modo que tu amor por tu hijo o hija sea incondicional. Porque él —o ella— no fue un error, aunque fuera consecuencia de un error.

No sé cómo estará ahora tu situación con tu hijo o con tu hija, pero nunca es tarde. Espiritualmente, por la comunión de los santos, el Señor puede sanar en ellos las heridas que tú les has causado si te arrepientes y se lo pides al Señor. Y humanamente tú puedes ahora aceptarlo, amarlo y acogerlo, y así ayudarle a él a sanar sus heridas, asumiendo con libertad y alegría las consecuencias de tus actos.

Puede que tengas una conversación pendiente con él o con ella, que quizá no sea para ahora, sino para más adelante... Déjate conducir por el Espíritu para que puedas ser un instrumento de sanación para tu hijo. Y cae en la cuenta del valor infinito de toda vida humana, que merece ser amada, que de hecho es eternamente amada por Dios, y llamada a vivir en la eternidad en comunión con Él y contigo.

3. LA PÍLDORA DEL DÍA DESPUÉS

La distribución de la píldora del día después es una práctica que se ha hecho muy común en muchos lugares, y hay ya muchas chicas que hacen uso de ella después de tener relaciones sexuales, para evitar un embarazo. Si tú en alguna ocasión te has tomado esta píldora, o hiciste que una chica se la tomara, es posible que estos párrafos te revuelvan un poco...

Una de las cosas que se han dicho de esta píldora es que es anticonceptiva, pero no es abortiva. Debes saber que esto no es cierto. La píldora del día después no solo impide la fecundación, sino que también evita que el embrión anide en el útero, provocando así microabortos imperceptibles[78]. Esto significa que a veces puede haber sucedido la fecundación de un óvulo, pero la píldora ha impedido que este embrión, al llegar al útero, se desarrolle normalmente, y ha hecho que el cuerpo lo expulse. Aquí no debemos olvidar que, desde el primer instante de la concepción, ya hay una verdadera vida humana, un hijo de Dios, único e irrepetible, al que Dios ha dado un alma inmortal.

Si has tomado la píldora del día después, o tu novia la ha tomado después de tener relaciones, es posible que hayáis provocado un aborto, aunque fuera sin quererlo y sin saberlo. Si es así, es posible que hayáis tenido un hijo que no ha llegado a desarrollarse y a nacer, pero por la fe sabemos que ese niño, que ha muerto inocentemente, está en la presencia de Dios. Esto puede ser fuerte para ti, pero no debes culpabilizarte, porque en el momento en el que tomaste la píldora seguramente ni siquiera pensaste en eso, ni era tu intención.

No podemos saber si ha habido fecundación o no, ni cuándo se ha producido un microaborto; de hecho, estos microabortos se producen a veces espontáneamente sin tomar ningún fármaco. Si ha habido o no fecundación y no ha llegado a

---

[78] Existe una red llamada «Red Farmacia Responsable», que surgió cuando se comercializó la píldora del día después y se permitió adquirirla sin receta médica incluso a menores de edad, por motivos económicos. En su manifiesto, esta Red dice lo siguiente: «Además, la información suministrada adolece de falta de claridad. Así, por ejemplo, afirmaciones como que "no es abortiva" – haciendo alusión a que no afecta al embrión después del día 14– pueden confundir a la usuaria, creando la falsa expectativa de que la píldora del día siguiente no interfiere con el embrión. En realidad, la píldora del día siguiente, tal como se indica en la ficha técnica, tiene varios mecanismos de acción. Uno de ellos es impedir la anidación del embrión».

desarrollarse, lo sabrás solo cuando llegues a la presencia de Dios. Por eso te recomiendo que leas los siguientes párrafos, que te pueden valer en la medida en que quizá hayas podido tener uno de esos microabortos. Si es así, tienes un hijo en el cielo, que te quiere y reza por ti.

¡Continúa leyendo!

4. EL ABORTO

Quizá tu caso pueda ser diferente al que acabamos de hablar, y quizá los párrafos anteriores hayan podido removerte por dentro… Quizá tú también viviste un embarazo como consecuencia de tus actos, y decidiste que se practicase un aborto o consentiste a ello, por miedo, por vergüenza o de un modo más o menos inconsciente. No pretendo escribir aquí para remover tu conciencia. Sí que creo que es muy necesario que tomes conciencia de que el aborto es un acto muy grave, bien sea provocado por una intervención directa, bien sea provocado de un modo apenas perceptible. Y es importante que tomes conciencia para poder experimentar el perdón y la sanación de Dios también en esa circunstancia de tu vida.

Hablando del aborto, el papa Francisco dice:

«Quiero enfatizar con todas mis fuerzas que el aborto es un pecado grave, porque pone fin a una vida humana inocente. Con la misma fuerza, sin embargo, puedo y debo afirmar que no existe ningún pecado que la misericordia de Dios no pueda alcanzar y destruir, allí donde encuentra un corazón arrepentido que pide reconciliarse con el Padre»[79].

---

[79] PAPA FRANCISCO, *Misericordia et Misera*, 12.

¡No hay ningún pecado que escape a la misericordia de Dios, no hay nada que Dios no pueda perdonar! Para que el Señor sane las heridas que en ti haya podido dejar ese aborto, es necesario que tomes conciencia de su gravedad, y que te arrepientas de todo corazón. Que confieses ese pecado, si aún no lo has hecho, poniendo todo tu arrepentimiento y tu dolor delante de Dios.

Después es muy importante que también pidas perdón al posible hijo o hija que hubieras podido tener. Para ello, algo que te puede ayudar es escribirle una carta, y leerla en voz alta ante una imagen del Señor o en una capilla, porque ese hijo o hija está en la presencia de Dios y desde Él te escucha... Así puedes reconciliarte con ese hijo o hija, a quien podrás ver en el cielo, a quien podrás abrazar, besar y pedir perdón (todo esto no es ninguna tontería. Por medio de la fe sabemos que, cuando crucemos el umbral de la muerte, nos volveremos a encontrar con ellos). Después, deja a tu hijo o hija en manos de Dios, y sigue adelante, hacia el cielo, sabiendo que allí podrás tener con él o ella esa conversación pendiente.

Los niños que han muerto antes del bautismo están con el Señor, y desde allí, en comunión con Él, son santos. Y por eso mismo, son capaces de perdonar a quienes no les dejaron nacer, porque aman con el mismo amor de Dios desde el cielo.

Ten por seguro que tu hijo o hija no te guarda ningún rencor, sino que te perdona y te quiere, y que está deseando que llegues al cielo para poder abrazarte y consolar él mismo tu corazón. Y además, como son santos en la presencia de Dios, interceden por nosotros, como todos los santos. Así que, si tienes un hijo o hija que está ya con el Señor, él o ella está rezando por ti...

Sé que estos pensamientos pueden ser agridulces para ti, pero son verdaderos: Dios quiere sanar también esta herida de tu corazón, y puede, porque es todopoderoso. Tú pon todo de tu parte para reconciliarte con Dios y con tu hijo o hija, déjalo en manos de la misericordia de Dios, y sigue adelante.

Ciertamente, hay lecciones que debes aprender de ello. Cuando alguna persona profundamente arrepentida me ha confesado que ha abortado, le he invitado a convertirse en un defensor de la vida durante el resto de sus días; y esta invitación ha sido muy bien recibida por esas personas.

A ti te digo lo mismo: tu testimonio podría evitar que se cometan abortos. Conviértete, pues, en un acérrimo defensor de la vida desde el primer instante de su concepción, y trata con tu testimonio de que otros no cometan los mismos errores que tú, de modo que no tengan que sufrir sus consecuencias.

RECAPITULEMOS...

🩵 Puedes ser un auténtico faro de luz en medio de este mundo.

🩵 El Señor se puede valer de tus errores y sacar un bien de ellos, y puede hacer de ti un instrumento de su sanación y de su misericordia. Saca, pues, las enseñanzas que el Señor quiere de este error que cometiste, y así, redímelo, para que revierta en bien de los demás.

🩵 Sella con la gracia de la misericordia de Dios tu pasado y pídele al Espíritu Santo que sane esa herida, esa consecuencia de tus errores.

💙 Así podrás experimentar una regeneración aún más profunda de tu pureza y tu virginidad, y empezarás a vivir hoy una vida nueva, libre de todas las cadenas con que te ataba tu pasado.

💙 Mírate con la mirada de Dios. Y desde ahí, empieza de nuevo...

Y desde esa mirada, te invito a que eleves una oración a Dios Padre, para que sane las consecuencias de tus errores, en ti o en otros:

Padre de Misericordia, ¡qué bueno eres! Tu Misericordia conmigo no conoce límites. Eres capaz de sanar las consecuencias de mis errores, e incluso de sacar un bien del mal. Y este milagro es el que yo necesito, Padre. Sana las consecuencias que mi pecado haya podido causar en aquellas personas con las que he tenido relaciones [puedes recordar sus nombres y ponerlas ante Dios]; ayúdales a encontrarse contigo y a respetarse a sí mismas, y sana sus heridas.

[Si tienes hijos:] Te doy gracias por...., que ha(n) sigo un regalo tuyo. Aunque hayan venido a la vida por un error mío, ellos no son un error, sino un regalo de tu amor que llena de sentido mi vida. Bendícele(s) y protégele(s); sana en él(los) las consecuencias de mis propias heridas. Que se sienta(n) siempre rodeado(s) por tu amor.

[Si has tomado la píldora del día después:] Padre, pongo ante ti ese momento en que tomé (o hice tomar a mi pareja) la píldora del día después, rechazando asumir las consecuencias de mis actos, y quizá provocando un aborto, aun sin saberlo. Sana las heridas que ese hecho haya podido causar en mí y en mi pareja. Sé que, si hubo un embarazo, tengo un hijo ante ti, que está intercediendo por mí. Ayúdame, Padre, a llegar donde él está, en

tu presencia, para poder reconciliarme con él y darle el abrazo que nunca tuve ocasión de brindarle. [Si has abortado:] Padre, pongo ante ti el momento (o los momentos) en que decidí abortar (o presioné para abortar a mi pareja); ahora sé que fue un error, y que yo no tenía derecho a decidir sobre la vida de mi(s) hijo(s) o hija(s). Padre, sana esa profunda herida de mi ser, dame un corazón nuevo. Sé que mi(s) hijo(s) o hija(s) está(n) contigo, intercediendo por mí. Ayúdame, Padre, a llegar donde él(los) está(n), en tu presencia, para poder reconciliarme con él(los) y darle(s) el abrazo que nunca tuve ocasión de brindarle(s).

Todo esto lo pongo en tu presencia, Padre, porque tengo plena confianza en ti y sé que eres la Misericordia misma. Te necesito, Señor, necesito de tu poder sanador. Sáname y libérame, para que de aquí en adelante pueda vivir una vida nueva. Amén.

Día 10

UNA MIRADA DE SABIDURÍA SOBRE LA PROPIA VIDA

En este capítulo quiero ofrecerte una serie de herramientas para que puedas mirar con una mirada sapiencial tu propia historia de pecado. ¿Qué es una mirada sapiencial? Los libros sapienciales son aquellos libros de la Biblia que reflexionan sobre la historia del pueblo de Israel y sacan unas enseñanzas que se convierten en sabiduría para todo el mundo.

Tener una mirada sapiencial sobre tu propia vida es mirar hacia ella con sabiduría, para poder aprender. Esa mirada ha de ser una mirada de fe, que sabe ver cómo Dios lleva adelante su plan en todas las cosas y a través de todas las circunstancias. Dios es providente, cuida de nosotros, y su plan de amor no se puede frustrar. Todo confluye para que el plan de amor de Dios siga adelante: las circunstancias de nuestra vida, nuestra propia libertad, e incluso nuestro pecado. ¡Sí! También nuestro pecado.

Te invito ahora a tener una mirada sapiencial sobre el hecho de que hayas perdido tu virginidad. Vamos a mirar hacia ese hecho desde la fe, para que el Espíritu Santo nos dé sabiduría para sacar las lecciones que Dios quiere que aprendamos. El fundamento de la mirada sapiencial del que vamos a partir es lo que dice san Pablo: «Sabemos que a los que aman a Dios todo les sirve para el bien»[80].

La voluntad de Dios es algo misterioso. Y esta voluntad funciona de dos modos: a veces, Dios quiere algo y lo hace; a veces, Dios no quiere algo, pero permite que suceda. ¿Y esto por qué? Porque Dios nos ha creado libres, y Él no nos quita la libertad. Cuando nos creó libres, lo hizo para que eligiéramos el bien y,

---

[80] *Rm* 8, 28.

siguiendo su voluntad, fuéramos felices. Pero sabía que también podíamos usar mal nuestra libertad y usarla para ir contra su voluntad, haciéndonos así infelices. Cuando Dios nos da un don, no nos lo quita. Nos ha dado la libertad, y aunque la usemos mal, Él nos sigue dejando libres. Por eso Dios permite muchas cosas que pasan en nuestra vida; porque son una consecuencia de nuestra libertad o de la libertad de los demás.

Además, Dios permite que usemos mal nuestra libertad y no lo impide por algo muy importante: Dios es el único que tiene poder para sacar un bien del mal. No es que Dios quiera que suceda el mal, Él no lo quiere; pero lo permite porque respeta nuestra libertad, y también porque tiene poder para sacar un bien de ese mal. Solo Él puede hacerlo. Del mal de la condena de su Hijo a la cruz, Dios saca el bien de nuestra redención y de la demostración más profunda de amor que Él podía hacer. Así, Dios transformó un signo de tortura y de muerte en un instrumento de amor y reconciliación; por eso, la cruz hoy no es para nosotros un signo de castigo, sino del amor misericordioso de Dios.

Del mismo modo, Dios puede sacar un bien del mal que has hecho en tu vida, también del hecho de que hayas perdido la virginidad. La mirada hacia ese hecho no ha de ser derrotista. A veces, la primera reacción cuando alguien ha perdido su virginidad y se da cuenta de que ha cometido un error es avergonzarse y querer mirar a otro lado; no volver sobre ello e intentar dejarlo atrás. En realidad, ese modo de obrar es un signo de que no se ha superado ese pecado, de que uno no se ha perdonado a sí mismo.

Tú, sin embargo, te has arrepentido. Por eso Dios regenera tu virginidad, y hace que todas las fuerzas de tu corazón estén unificadas, para que puedas entregarte a la persona con la que compartirás el resto de tu vida. Con tu corazón sanado y tu virginidad recuperada, puedes mirar atrás con una mirada agradecida y sapiencial, que hace que de ese mal de tu vida el Señor haga brotar un bien.

LOS SIETE BIENES QUE EL SEÑOR HACE BROTAR DE TU PASADO

1. El primer bien que el Señor quiere hacer brotar de tu pasado es que te des cuenta de su inmenso amor y de su misericordia. Es todo lo que hemos dicho en el capítulo anterior. Dios te ha demostrado que te ama, hasta el extremo de que se entrega por ti y perdona tu pecado. Quizá si no hubieras pecado, nunca te habrías dado cuenta del inmenso amor que Dios te tiene, nunca hubieras experimentado que su misericordia es eterna. A través de tu falta, Dios te ha mostrado lo precioso o preciosa que eres a sus ojos, te ha mostrado que no va a permitir que nada ni nadie te separe de Él. A través de tu error, puedes comprender el valor que la cruz de Cristo tiene para ti en particular —no para todos los hombres, no en general, sino para ti—, de modo que puedes decir como san Pablo: «Cristo Jesús vino al mundo para salvar a los pecadores, y yo soy el primero»[81]; «Estoy crucificado con Cristo; vivo, pero no soy yo el que vive, es Cristo quien vive en mí. Y mi vida de ahora en la carne, la vivo en la fe del Hijo de Dios, que me amó y se entregó por mí»[82].

---

[81] *1 Tm* 1, 5.
[82] *Ga* 2, 19–20.

2. El segundo bien que el Señor quiere hacer brotar de tu pasado es que veas su poder de transformación. Él, con la fuerza de su Espíritu Santo, transforma tu corazón y te devuelve la virginidad, te regenera, te renueva y te justifica. Puedes experimentar en ti ese poder de Dios y llenarte de alegría, porque nada es imposible para Él; y lleno de alegría, puedes hacer que broten en ti la acción de gracias y la alabanza, porque has experimentado lo bueno que es el Señor y has visto su grandeza. Recuerda que el Señor es todopoderoso, no solo para crear el mundo y lo que hay en Él, sino para recrear tu propio corazón y hacer en ti una obra maravillosa, llenando tu vida de sentido y dándole una nueva perspectiva a tu futuro. Su poder te ha renovado para que puedas entregarte virginalmente a la persona a la que amas. ¡Así de grande es Dios!

3. El tercer bien que Dios quiere hacer brotar de tu pasado es la humildad. Experimentar su perdón y cómo Él restaura tu corazón y te acoge con misericordia te hace humilde, consciente de tu pobreza y de tu debilidad, para que te des cuenta de que le necesitas. El pecado reconocido y perdonado acaba con nuestra soberbia, nuestra autosuficiencia y nuestra vanidad; nos vuelve pobres de espíritu y nos hace como niños; nos hace conscientes de que, si no fuera por la gracia de Dios, no seríamos nada; nos hace ver que es su gracia la que nos previene de caer en la más profunda miseria... Y así, nos vuelve sencillos de corazón. Y del mismo modo, hace que no juzguemos a los demás, que no nos consideremos mejores que nadie. En el fondo, esta mirada sapiencial sobre nuestro pecado nos puede hacer más santos.

4. El cuarto bien que Dios quiere hacer brotar de tu pasado es la sanación de las personas con las que has tenido relaciones sexuales. Es muy importante que cierres cada uno de los vínculos que puedan seguir abiertos en tu corazón con cada una de las personas con las que has tenido relaciones sexuales. Para ello, es necesario que pienses en cada una, que la intentes perdonar de verdad, que le pidas al Señor que la perdone y que sane su corazón, que deshaga en él o ella los frutos malos de esas relaciones que tuvisteis, y que cierre el vínculo que quizá todavía os une; y finalmente, que le entregues al Señor esa persona, su destino y su felicidad. Es muy importante hacer esta oración con fe, y dejar definitivamente esa relación o esas relaciones en manos del Señor. Él, con su poder, escuchará esa oración, deshará esos vínculos y en la medida de lo posible sanará el corazón de esas personas. Y después de eso, ya no dar más vueltas. Recuerda: deja el pasado a la misericordia de Dios.

5. El quinto bien que Dios quiere hacer brotar de tu pasado es la virtud de la prudencia. Sabes lo fácil que es pecar y deslizarse por el camino incorrecto. Eso debe hacerte prudente, para que no te pongas en ocasión de pecar o de hacer pecar a otros. La prudencia te hace no tener miedo, pero sí tener cuidado. Cuando Jesús perdona a la pecadora pública, le dice:

«Yo tampoco te condeno. Vete y en adelante no peques más»[83]. Una invitación aún más fuerte a la prudencia se da cuando Jesús sana a un paralítico, y le dice: «Mira, has quedado sano; no peques más, no sea que te ocurra algo peor»[84].

Así, aprende la lección que el Señor te ha mostrado a través de tus errores, y sé prudente. Cuando ya has tenido relaciones sexuales, es más fácil que con otra persona llegues al mismo punto,

---

[83] *Jn* 8, 11.
[84] *Jn* 5, 14.

porque ya has saltado las barreras naturales que el pudor levanta hasta llegar a la entrega total. Es necesario que seas prudente, y vuelvas a levantar esas barreras de pudor, para que tu corazón vuelva a ser virginal, y no pierda de nuevo esa virginidad.

Si eso sucede, el Señor puede volver a restaurarla, por supuesto, porque es todopoderoso; pero por tu parte, aprende la lección de la prudencia, para que una vez restaurado no peques más. Hay veces que cuando uno peca, o ya ha perdido la virginidad, se dice a sí mismo lo del refrán: «De perdidos, al río», y piensa: «Total, si ya he pecado, ¿qué más da? Ya no puedo volver atrás. Voy a dejarme llevar». Es la voz del enemigo que te hace creer que no hay vuelta atrás, y que quiere que te dejes arrastrar para que la pasión y el instinto sean los dueños de tu corazón. Dios quiere que tú y Él seáis los dueños de los impulsos del corazón. Aprende, pues, la lección de la prudencia.

Quizá recuerdes la parábola del hijo pródigo, de la que hemos hablado en otro capítulo. Cuentan que aquel hijo estuvo en la casa del padre varios años disfrutando de su amor y de la reconciliación con su hermano. Pero después de ese tiempo, su pasado empezó a seducirle de nuevo. Se acordó de cómo se lo había pasado con aquellas fiestas, con aquel dinero, con aquellas mujeres... Le había ido mal una vez, pero ¿y si fue casualidad? ¿Y si esta vez le salía bien?

¿Por qué no probar suerte de nuevo? Finalmente, cogió todos sus bienes, y un día, de madrugada, antes de que su padre y su hermano se despertasen, volvió a marcharse, y regresó a aquel país donde ya le conocían. Llegaba de nuevo con dinero, y volvieron los amigos, volvieron las fiestas y volvieron las mujeres. ¡Qué bien se lo pasó! Esta vez no fue como la primera, casi había olvidado los deleites de esa vida lejos de la casa paterna... Pero se le volvió a acabar el dinero, y toda aquella gente que le rodeaba de nuevo le dejó solo.

Volvió a pasar necesidad, volvió a sentir hambre, y acabó cubierto de harapos, suplicando por una miga de pan. Pensaba: «¿Cómo voy a volver ahora a casa de mi padre, después de haberme marchado ya una vez? Ya no puedo volver. Se me caería la cara de vergüenza, mi padre es muy bueno y no me diría nada, pero no me siento digno de abusar otra vez de su confianza.

¿Y mi hermano? Si la otra vez se enfadó, ahora no volverá a hablarme... No, mejor vivir como un mendigo que ir otra vez a casa. Después de volver a romperle el corazón a mi padre, ¿cómo iba a poder mirarle a la cara...?». Mientras meditaba cabizbajo, tirado en una calle de aquella ciudad, de pronto alguien se acercó a él. Levantó la cabeza. Era su padre, con lágrimas en los ojos y una sonrisa en los labios: «¡Hijo mío, mi hijo! ¡Por fin te he encontrado!».

El padre se abalanzó sobre él y casi lo tiró al suelo, lo abrazó y lo cubrió de besos. Al principio el muchacho no supo cómo reaccionar, pero finalmente se abrazó a su padre y lloraron juntos. El padre lo levantó, lo llevó a una posada y le curó las heridas. Le compró ropas nuevas y, después de perfumarlo, lo montó en su caballo y lo llevó de vuelta a casa. Ese día el hijo, por fin, comprendió el amor de su padre. Comprendió que el Padre Dios nos va a acoger siempre, y va a mantener sus brazos abiertos para recibirnos de nuevo si otra vez nos alejamos. Él sabe que, si volvemos a pecar, volveremos a sufrir. Pero Él siempre seguirá ahí para acogernos y sanar nuestras heridas. Ahí comprendió el hijo que, si el Padre nos pide que perdonemos al que nos ofende hasta setenta veces siete, es porque eso es precisamente lo que Él hace con nosotros.

Dios sabe que puedes volver a pecar. No tengas miedo. Nunca hay un punto de retorno, no hay ningún lugar donde no pueda alcanzarnos la misericordia de Dios. Sé prudente, date cuenta de dónde has caído, y en la medida de lo posible, sé coherente e intenta no volver atrás. Pero si lo haces, ya sabes que el Padre te acogerá, siempre, de nuevo.

6. El sexto bien que el Señor quiere hacer brotar de tu pasado es el cuidado, en una doble dirección: guardarte tú y guardar a tu novio o novia. Cuando recuperas tu virginidad y el Señor la restaura en tu corazón, es muy importante que te guardes para la persona adecuada y para el momento adecuado. Puede que ahora o más adelante tengas un novio o novia con el que quieras construir un futuro, y del que pienses: «Esta sí que es la persona definitiva». Pues bien, ¡recuerda de dónde has caído![85] y no vuelvas atrás.

En el capítulo primero dijimos que el matrimonio es el compromiso por el cual uno elige entregarse incondicionalmente y para siempre a otra persona. Ese compromiso es sellado con la gracia del sacramento del matrimonio, por el cual Dios «concede a los esposos el don de amarse con el mismo amor con el que Cristo ama a su Iglesia»[86].

Solo después del compromiso ratificado con la gracia del sacramento puede sellarse la entrega total del cuerpo y del alma que hace de los dos una sola carne. Espera, pues, por muy seguro que lo tengas; guárdate. Porque no tienes la certeza de que esa sea la persona con la que te vas a casar hasta que te cases con ella. No digas: «¿Qué más da un día antes

---

[85] *Ap* 2, 5.
[86] Catecismo de la Iglesia Católica, 1661.

que un día después?». ¡Mucho! Porque entre un día y otro ha sucedido un milagro increíble: Dios os ha unido con el vínculo indisoluble del Espíritu Santo[87].

Desde la fe, sabemos que es el sacramento del matrimonio válidamente celebrado lo que hace que él o ella sean el hombre o la mujer de tu vida; por eso mismo, hasta ese momento no lo es. Si uno que va a ser ordenado sacerdote decide celebrar una misa el día antes de ordenarse, no solo no sucede el milagro de la presencia de Cristo en el pan y el vino, sino que además es un pecado grave penado por la Iglesia[88]. Del mismo modo, mientras que el hombre y la mujer no se han entregado su voluntad de por vida sellándola con la gracia del sacramento del matrimonio, las relaciones entre ellos no son fuente de santidad, sino que son pecados.

7. El séptimo bien que el Señor quiere hacer brotar de tu pasado es el testimonio. La mayor parte de los jóvenes cristianos hoy no tienen claro el tema de la castidad prematrimonial ni lo quieren vivir. Tú, que has vivido lo que has vivido, puedes ser un testigo que enseñes a otros mediante tu testimonio la importancia de la virginidad y de la espera. Puedes ayudar mucho a otros jóvenes para que no cometan los mismos errores que tú.

Como cada uno es libre de hacer lo que quiera, aunque tú trates de enseñar la verdad, luego cada uno puede hacerte caso o no; pero por tu parte que no quede...

Quizá se encienda en ti el pensamiento de cómo vas tú a dar lecciones a nadie si eres el primero que has metido la pata. Este pensamiento viene del enemigo. Uno puede dar testimonio de la

---

[87] Catecismo de la Iglesia Católica, 1624.
[88] *Código de Derecho Canónico*, 1378, p. 2.

verdad, aunque sepa que no está a la altura de lo que predica. Yo puedo saber que algo no está bien aunque a veces lo haga; pero no por eso voy a decir que sí está bien. La verdad es la verdad, la diga quien la diga.

El papa Pablo VI tiene una frase que hoy te puedes aplicar a ti mismo: «El hombre de hoy escucha con más gusto a los testigos que a los maestros; y si escucha a los maestros, es porque son testigos»[89]. Saca, pues, las enseñanzas de tus propios errores y compártelas con las demás, para ayudarles a guardar una virtud que quizá tú no has sido capaz de guardar. ¡Es un deber del amor!

Ya en el capítulo anterior hemos visto herramientas para mirar con una mirada sapiencial las consecuencias que ha podido traer la pérdida de la virginidad, y cómo Dios puede sacar un bien incluso de ellas, porque Dios se vale de todo para llevar adelante su plan de amor. No tengas miedo y vuelve tu mirada al pasado con un corazón libre, reconciliado y agradecido.

RECAPITULEMOS...

💙 Es importante que hagas una purificación de la memoria. Mirar hacia esos momentos en que perdiste la virginidad y tuviste relaciones sexuales puede ser algo que te revuelva o que encienda en ti deseos inadecuados. Por eso, es importante la purificación de la memoria, que tú puedes hacer con la mirada sapiencial sobre tu propio pecado y que Dios puede hacer con la gracia del Espíritu Santo.

💙 Esto te servirá para que no mires esos momentos ni desde la perspectiva del placer que tuviste ni desde la perspectiva

---

[89] PABLO VI, *Evangelii Nuntiandi*, 41.

del error que cometiste, sino desde la perspectiva de cómo eso te ayuda a amar santamente a la persona con la que estás —o con la que estarás—, y a vivir la santidad.

💙 Así, esos recuerdos quedarán en tu memoria como lo que son: cosas que hiciste con mayor o menor acierto, pero que no determinan tu vida y de las que el Señor se vale para sacar un bien mayor.

Te propongo que reces esta oración para que el Señor purifique tu memoria afectiva:

Señor Jesús, Tú conoces toda mi historia; mi pasado, mi presente y mi futuro están presentes ante tu mirada misericordiosa. Tú sabes que en ocasiones mi pasado me atormenta, y mis recuerdos vienen a mí, y me hacen daño, porque me hacen difícil amarme bien a mí mismo y amar bien a los demás. Señor, purifica mis recuerdos. No te pido que me los quites, pues son algo que forma parte de mí y de lo que Tú quieres sacar un bien; pero sí te ruego que los purifiques, para que solo me sirvan para amar más y mejor a los que tengo alrededor, y especialmente a aquella persona con la que comparto o compartiré el resto de mi vida. Sana mi memoria afectiva, para que esos recuerdos no me levanten las heridas, sino que me sirvan para ayudar a otros, de modo que Tú saques un bien incluso de mis errores, y así Tú seas glorificado incluso a través de mi propio pecado. Porque solo Tú tienes ese poder. Gracias, Señor Jesús. Amén.

Día 11

DE LA MANO DE MARÍA Y DE JOSÉ

Antes de acabar, no puedo dejar de compartir contigo un secreto a voces: María es el gran regalo que Dios ha hecho a la humanidad. En ella nuestra humanidad ha llegado a su culmen, y ha sido elevada a la altura de Dios. Ella es la imagen perfecta y acabada de lo que estamos llamados a ser. Humilde, pobre, sencilla, pura… todos los adjetivos que pongamos serán pocos. La compañía de María y su intercesión son poderosísimas.

En una ocasión, un joven un poco alejado de la fe me dijo: «No entiendo por qué a María la llamáis la virgen. ¡Suena muy mal!». Nunca me había dado cuenta de que la característica principal con la que solemos nombrar a María es precisamente la virginidad. Ella es la Virgen por excelencia. Quiso dedicar todo su ser a Dios y ser casta, con un corazón indiviso, entregada totalmente al plan de Dios. Por eso se dice de Ella que es a la vez Virgen y Esposa, Virgen y Madre. Virgen, porque conserva su integridad, y Esposa, porque se entrega totalmente al Señor su Dios. Virgen, porque todo su ser era solo para Dios, y Madre, porque da a luz al Hijo de Dios y a los hijos de la Iglesia.

María conoce y comprende nuestra debilidad, y «brilla en nuestro camino como signo de consuelo y de firme esperanza»[90]. Ella intercede por nosotros y nos «da a luz» espiritualmente. Por eso, Ella también tiene que estar presente en esta regeneración que el Espíritu Santo hace de tu virginidad, porque también Ella puede ayudarte a nacer de nuevo.

¿Y cómo? En primer lugar, tómala como modelo. A partir de hoy, comprométete a luchar por ser como Ella, a vivir la pu-

---

[90] MISAL ROMANO, prefacio IV de la Virgen María.

reza como Ella la vivió, a tener un corazón virginal al servicio del plan de Dios sobre tu vida. En segundo lugar, pidiéndole que rece por ti. Ella es la más poderosa intercesora ante su Hijo Jesús, y como todos sabemos, un buen hijo nunca niega nada a su madre... Así que aprovecha su enchufe para hacer presión al Señor. En tercer lugar, teniéndola presente. Ella camina a tu lado; solo que muchas veces no te das cuenta... Pero Ella está. Ella cuida de ti, como una buena madre que arropa a su hijo mientras duerme o le echa la ropa a lavar sin que se dé cuenta. Si la tienes presente, verás multitud de gestos en los que Ella te ayuda a ser santo o santa. Y en concreto, para nuestro tema, si estás atento, verás cómo Ella te ayuda a tener un corazón virginal y a vivir la castidad.

Si eres un hombre, pídele a María que te conceda mirar a tu novia con la misma pureza con que la mirarías a Ella, y a guardarla como un tesoro precioso, como harías con Ella. Si eres una mujer, pídele a María que te haga como Ella, casta y entregada, capaz de sacar lo mejor de los demás y de ayudar a los hombres a vivir la pureza.

Recuerda que estamos en la comunión de los santos; lo que hacemos unos revierte en los otros. Esto, como es lógico, vale de un modo especial para los santos. Así que ten presente a María, porque Ella está cuidando de ti y rezando por ti.

Te propongo que reces con frecuencia esta oración que pide la pureza a María, compuesta por el padre José Kentenich mientras estaba en el campo de concentración de Dachau:

Dios te salve, María. Por tu pureza, conserva puros mi cuerpo y mi alma. Ábreme ampliamente tu corazón y el corazón de tu Hijo. Dame la gracia de un profundo autoconocimiento, de la perseverancia y fidelidad hasta la muerte. Dame almas, confíame a las personas, y todo lo demás tómalo para ti. Amén.

Acude también a san José, su esposo. Déjame contarte algo de él que me impresiona mucho. San José estaba desposado con María, e iba a casarse con Ella; seguramente él querría tener un matrimonio normal con María, ya me entiendes... Pero resulta que descubre que María está embarazada y piensa que es de otro hombre, y entonces decide divorciarse en secreto. Un ángel se le aparece y le dice que acepte a María, su mujer, porque esa criatura viene de Dios[91]. José, que tenía pensado casarse y tener un matrimonio normal, se encuentra con que tiene que vivir con una mujer que permanecerá virgen toda la vida y con el Hijo de Dios.

¡Imagínate qué difícil! Es como si a José le «impusieran» la castidad. Podría haberse revelado, haberse buscado la vida, o cualquier cosa... pero él se mantiene casto y fiel. ¿Por qué? Porque sabe que el plan de Dios para salvar a la humanidad es más importante que sus aspiraciones humanas. Sabe que la sexualidad está al servicio del amor, y no al revés, y por eso es capaz de vivir casto y de asumir su vocación en castidad, entregando todo su ser al servicio de la salvación de los hombres, cuidando a María y a Jesús.

¡Qué difícil de entender esto! Pero ¡qué hermosísimo! San José es modelo de castidad para nosotros. Pide también su intercesión, para que el esposo de María rece también por ti, y el Señor regenere la virginidad en tu corazón y te conceda poner tu sexualidad al servicio del amor y de la entrega, como hizo él.

---

[91] *Mt* 1, 18–25.

Quizá pueda valerte esta oración a san José:

Bendito san José, esposo de María y custodio del Señor. Tú viviste la castidad en un tiempo parecido al nuestro, en el que la pureza era vista como una maldición y un desperdicio; pero fuiste fiel y, a pesar de las dificultades, perseveraste en la castidad e hiciste de ella el modo perfecto de entregarte a tu esposa, a tu Hijo y al plan de Dios. Intercede por mí, para que tenga un corazón puro como el tuyo; para que mi mirada refleje la pureza, y para que, en medio de las dificultades y tentaciones contra la castidad, sepa ser fiel a mi compromiso con Dios, como tú lo fuiste, para que mi renuncia sirva para que se cumpla mejor el plan de Dios. Amén.

No olvides que tienes un ángel de la guarda que siempre te acompaña. Pídele que rece por ti, y que te cuide en tu camino. Dice el salmo 91: «A sus ángeles ha dado órdenes para que te guarden en tus caminos. Te llevarán en sus palmas, para que tu pie no tropiece en la piedra»[92]. Tu ángel puede protegerte, cuidarte, guiarte y ayudarte a no tropezar en la piedra de la impureza, para que tu pie camine seguro por la senda de la santidad.

Te ofrezco una sencilla oración al ángel custodio; es muy corta, la puedes aprender de memoria y rezársela con frecuencia, sobre todo cuando te veas en situaciones difíciles o de pecado:

Ángel de Dios, que me has sido encomendado por la divina providencia, ilumíname, guárdame, guíame y protégeme. Amén.

---

[92] *Sal* 91, 11-12.

Pide la intercesión de todos los santos, especialmente del santo de tu nombre o de los santos de tu devoción. Por la comunión de los santos, creemos que su oración es eficaz y ellos nos facilitan mucho el camino.

Si quieres, puedes ponerte bajo la protección de dos santos que prefirieron morir antes que perder la virginidad. No te voy a contar su vida, pero te invito a que la busques y a que pidas su intercesión: son santa María Goretti y san Pelayo[93]. Pídeles que intercedan por ti. Y yo también rezo por ti, y ofrezco mi vida por todos los que leáis este pequeño libro, para que el Señor obre en vosotros el milagro de la regeneración de vuestra virginidad.

---

[93] Hace poco he tenido noticia de un mártir de España que está en proceso de beatificación, y que es también mártir de la castidad: el hermano Fernando Saperas, claretiano.

Día 12

PLAN DE TRABAJO

Hasta ahora, todo lo que has leído te ha servido para comprender qué es recuperar la virginidad y cómo puedes hacerlo. Ahora te invito a que empieces un proceso personal para permitirle al Señor restaurar esta virginidad. Este capítulo será como un resumen fugaz de todo lo que has leído con propuestas concretas, que te propongo seguir una por una, para que puedas experimentar de un modo concreto la restauración que el Espíritu Santo quiere obrar en tu corazón.

Si aún no te has confesado con un sacerdote de haber tenido relaciones sexuales antes de casarte, es el momento de hacerlo. Pero aunque ya lo hayas hecho, es posible que te ayude el volver a poner en la confesión esos pecados ante la mirada misericordiosa de Dios, para que Él pueda perdonar y sanar todo lo que haya podido quedar de ello; así te harás más consciente de su perdón y la misericordia de Dios entrará en tu vida de un modo nuevo. Hay veces que nos confesamos de un pecado, pero el arrepentimiento no es total. Confesarte de nuevo, después de lo que has leído, te ayudará a confesarte definitivamente con un arrepentimiento perfecto. Busca un sacerdote que te pueda comprender y ayudar, y explícale lo que vas a hacer.

Coge papel y bolígrafo, porque es importante que esto no lo hagas a la ligera, y escribir es un modo de dejar constancia de lo que vas a hacer en un documento de alianza entre Dios y tú, que después puedes firmar e incluso renovar en algún otro momento de tu vida, si es necesario. Busca el lugar adecuado: puede ser un oratorio, una iglesia, una capilla... o en tu casa, ante un crucifijo, o una imagen de Jesús o de María... o en algún lugar significativo para ti. Puedes hacer lo que te propongo tú solo, o puede acompañarte alguien importante para ti. Quizá, si tu actual novio o novia sabe de tu historia y sabe lo que vas a hacer, puede ser un buen compañero y testigo de este momento tan importante para ti. Es algo íntimo, y no es para compartirlo con mucha gente, pero mira tú mismo qué es lo que más te puede ayudar, a ti y a los demás.

Te propongo seguir los siguientes pasos para que lleves a cabo todo lo que has leído en este libro. ¡No leas la conclusión del libro hasta que no hayas hecho lo siguiente:

1. Ponte en la presencia de Dios, ante una imagen suya o en una capilla. Haz silencio en tu corazón, y hazte consciente de lo que vas a hacer.

2. Haz un acto de fe en Dios. Dile que crees en su poder, que crees que Él puede restaurar tu virginidad y regenerar tu corazón. Haz un acto de fe en lo que Él nos ha enseñado sobre la virginidad hasta el matrimonio, y dile que, aunque no lo hayas creído ni lo hayas vivido, hoy aceptas esa verdad y quieres vivirla de ahora en adelante. Te invito a que esta oración sea espontánea y a que puedas escribirla, para después leerla en voz alta, o en voz baja, como más te ayude. Te propongo a continuación una oración que te puede ayudar para que tú hagas la tuya propia:

Padre de Misericordia, me pongo en tu presencia, en la presencia de tu Hijo y del Espíritu Santo. Creo firmemente, Señor, que me amas con todo tu ser, que me has dado la vida y que me llamas a vivir eternamente contigo. Hago un acto de fe en tu poder, Señor; confieso que eres todopoderoso y que tienes poder para sanar mi corazón y restaurar mi virginidad. Ahora acepto, Señor, el sentido que Tú has dado a mi sexualidad, aunque no lo haya vivido bien, y a partir de ahora me comprometo contigo a vivirla según tu voluntad.

3. Arrepiéntete de tus pecados. Si aún no te has confesado, es el momento de hacerlo. E incluso aunque ya lo hayas hecho, puede ayudarte volver a la confesión. En cualquier caso, arrepiéntete de nuevo y pide perdón al Señor por haber pecado y por haber hecho pecar a otros, pídele perdón también de parte de los demás que han pecado contigo, pídele perdón por las consecuencias que hayan podido tener tus actos, sobre todo si has cometido o podido cometer algún aborto. Recuerda que no hay nada que la misericordia de Dios no pueda perdonar. Y renuncia también al rencor que pueda haber en tu corazón hacia las personas con las que has tenido relaciones sexuales, para que ese vínculo deje de atarte y puedas ser libre. Te invito a que escribas una oración de perdón; a continuación te ofrezco una que puede ayudarte a hacer la tuya.

Padre de misericordia, te pido perdón por haber perdido mi virginidad antes de tiempo. (Puede ayudarte ir pidiendo perdón por cada una de las personas concretas con las que hayas podido tener relaciones). Te pido perdón porque yo también hice pecar a esas personas; te pido perdón de su parte, porque quizá nunca te pedirán perdón. No les tengas en cuenta estos pecados. Te pido perdón de todo corazón por las consecuencias que hayan podido tener esas relaciones sexuales, en mí o en otros (aquí puedes pensar en enfermedades, en los hijos o los abortos). Pongo todo bajo tu mirada misericordiosa, porque sé que no hay nada imposible para ti y que me amas con todo tu ser, y creo firmemente que Tú me perdonas todos estos pecados.

4. Recordando todo lo que has leído sobre la regeneración, la renovación y la justificación que el Espíritu Santo puede obrar en tu corazón para restaurar tu virginidad, pídele con fe al Espíritu Santo en el nombre de Jesús que restaure tu virginidad. Cree firmemente en su poder, y ábrele completamente tu corazón, para que Él pueda entrar de nuevo y hacer esta obra en ti. Haz esta oración con total confianza y lo más apasionadamente que puedas, pues mediante ella vas a depositar toda tu confianza en el poder de Dios. Te invito a que la escribas; a continuación te ofrezco una oración por si te ayuda a que puedas hacer la tuya personal.

¡Espíritu Santo, ven en el nombre de Jesús! ¡Inunda mi cuerpo, mi alma, mi mente y mi corazón! ¡Llena completamente todo mi ser! Hoy te pido en el nombre de que obres el milagro de la restauración de mi virginidad. Nada es imposible para ti, porque Tú eres Dios todopoderoso. Regenera mi corazón y restáuralo; renueva mi corazón, dame un corazón nuevo, créalo de nuevo en mí, para que a partir de hoy pueda amar virginalmente otra vez; devuelve a mi corazón la inocencia que he perdido. Unifica todos los pedazos de mi corazón, y hazlo uno de nuevo, hazlo virgen para que pueda entregarme totalmente solo a la persona con la que sellaré mi amor en el sacramento del matrimonio. ¡Hazme virgen de nuevo, Espíritu Santo, Tú que lo puedes todo! Crea en mi un corazón puro, restáurame, que todo mi ser se ponga ahora y para siempre al servicio de la voluntad de Dios en mi vida.

5. Cree firmemente que ha sucedido este milagro en tu vida y da gracias por ello, recordando la palabra de Jesús que leímos más arriba: «Todo cuanto pidáis en la oración, creed que os lo han concedido y lo obtendréis»[94]. ¡Así ha de orar un cristiano! Escribe una oración de acción de gracias en la que confieses que el Señor ya ha hecho esta obra en ti, y déjate llenar por la alegría del Espíritu Santo con un corazón regenerado y renovado. Te ofrezco una oración que puede servirte para hacer la tuya.

¡Te doy gracias, Padre, Señor del cielo y de la tierra, porque creo y sé que Tú acabas de restaurar mi virginidad en el nombre de Jesús y por la fuerza del Espíritu Santo! ¡Gracias, Padre, por tu amor, gracias por tu regeneración, gracias por hacerme nacer de nuevo, gracias por devolverme la virginidad!

¡Gracias, Señor Jesús, por venir a redimirme y a salvarme, por mostrarme el camino de la vida, por darme la posibilidad de nacer de nuevo mediante el bautismo que ahora se renueva en mí! ¡Gracias, Espíritu Santo, por regenerar y renovar mi virginidad, por hacerme justo y santo de nuevo, por darme la gracia de una nueva oportunidad! ¡Alabado y bendito seas, Señor, por tu infinita misericordia! ¡Gloria a ti, Señor!

---

[94] *Mc* 11, 24.

6. Comprométete a guardarte virgen hasta que llegue el momento de tu entrega definitiva en el matrimonio, y a guardar a aquellas personas con las que puedas estar antes de llegar al matrimonio. Una vez que el Espíritu Santo ha restaurado tu virginidad, ¡séllala con siete candados! Guárdala con celo, comprométete a custodiar la pureza en tu corazón y a entregarte totalmente y solamente a la persona con la que te unas para siempre en el sacramento del matrimonio. Escribe este compromiso ante Dios; te ofrezco un modelo para que tú puedas hacer el tuyo.

Padre de bondad, después de esta obra de tu amor en mí, me comprometo ante ti a guardarme virgen de ahora en adelante, para poder entregarme a la persona con la que Tú me unas mediante el sacramento del matrimonio. Quiero vivir mi pureza y mantener mi corazón íntegro, quiero y me comprometo a luchar por hacer las cosas bien y por custodiar virgen mi corazón hasta que llegue el momento de entregarme definitivamente. Y me comprometo también, Señor, a guardar a las personas con las que comparto mi camino, para que su corazón sea solo para la persona con la que compartan el resto de su vida, sea yo mismo o sea otra persona. ¡Hágase tu voluntad, Padre!

7. Pídele al Señor su ayuda para poder vivir esto, y pídele que selle esta restauración de tu corazón, porque sin su gracia no podemos hacer nada. Escríbelo.

Señor Jesús, Tú nos dijiste que sin ti no podemos hacer nada. Sabes lo débil que soy, ¡ayúdame, Señor! Quiero mantener firme este compromiso que acabo de sellar ante ti. Dame tu gracia, para que pueda ser casto y guardarme hasta que llegue el momento de entregarme; y si caigo en el camino, tiéndeme la mano para que pueda volver a levantarme, porque tu misericordia no tiene límites. Sella con tu preciosísima sangre esta restauración de mi virginidad, Señor Jesús, para que por tu gracia y en tu nombre transforme y renueve toda mi vida.

8. Pídele al Espíritu Santo el don de sabiduría para mirar tu pasado con una mirada sapiencial, para Él pueda sacar un bien del mal, para que Él te ilumine y te dé una nueva mirada sobre tu pasado, para que puedas aprender de Él y purificar la memoria. Te ofrezco un modelo de oración.

Espíritu Santo, Tú que has restaurado la virginidad en mi corazón, dame una mirada de sabiduría sobre mi pasado, para que mire mi vida como la ve el Padre, y para que, con tu gracia, pueda aprender de mis errores, de modo que sirvan para mi bien y el de los demás. Espíritu Santo, saca bien del mal de mi vida. Espíritu Santo, ilumíname y purifica mi memoria, para que no mire al pasado ni con nostalgia ni con culpabilidad, sino con una mirada que sepa ver en todo la providencia de Dios. Te entrego mi pasado, Espíritu Santo, especialmente mis errores y pecados. Haz que de ellos pueda brotar vida.

9. Acaba este acto con una oración a María, «la Virgen». Ella mantuvo todo su ser puro al servicio del plan de Dios. De su mano puedes recuperar la inocencia y aprender a caminar como Ella, amando con un corazón indiviso y casto. Escríbele una oración sencilla; ella es tu Madre.

Madre María, intercede por mí, para que pueda vivir este nuevo compromiso que he sellado hoy con tu Hijo. Cógeme de la mano, y ayúdame a ser puro como Tú; dame un corazón como el tuyo, y ayúdame a ser fiel a este compromiso. Enséñame a amar, devuélveme la inocencia. Protégeme de todo mal. Amén.

10. Una vez que tengas todo escrito, léelo; o mejor, rézalo. Puede ayudarte hacerlo en voz alta, despacio, de corazón. No tengas prisa. Acuérdate de las personas, las situaciones, pon todas las circunstancias de tu vida sexual pasada bajo la mirada de Dios. Cree firmemente que el Espíritu Santo está obrando esta regeneración en ti, y Él lo hará. No pretendas sentir nada; simplemente haz un acto de fe. Muchas veces la fe no nos hace sentir, pero nos da la certeza de que obtenemos lo que pedimos. Y cuando acabes de hacer la oración, pon la fecha, y fírmala. Esa fecha será el antes y el después en tu vida virginal. Y esa firma es tu alianza con Dios, que te acompañará y te ayudará a vivir una nueva virginidad.

Después, con ese documento, puedes hacer varias cosas. Quizá te ayude ofrecérselo al Señor en alguna iglesia, santuario u oratorio; también podrías hacer una pequeña hoguera (con cuidado) y así lo quemas. El fuego es signo de purificación, y también puede representar tu deseo de que este compromiso llegue hasta el Señor...

Puede que sea hermoso que lo custodie tu novio o novia, como una especie de compromiso del que también él o ella es parte implicada, que le recuerde cada vez que lo vea tu nueva vida y tu renovado deseo de guardarte para él o para ella. O puedes guardarlo tú mismo, como un tesoro que te dé fuerzas cada vez que lo veas para seguir adelante; como un estímulo para permanecer fiel a esta nueva alianza, para recordarlo o renovarlo cada vez que lo necesites o cada vez que te esté costando de nuevo vivir la castidad.

En cualquier caso, sería precioso que en tu habitación pusieras algún signo que te recordase específicamente el compromiso de tu nueva virginidad: una pequeña cruz, que te recuerde esa redención que Jesús ha hecho de tu pecado; una imagen de María, que te recuerde esa pureza que Ella puede ayudarte a vivir, o alguna estampa de tu santo (o de algún santo al que tengas devoción), para que desde el cielo te ayude en tus luchas particulares... Quizá puedes ponerte un anillo como signo de esa nueva alianza, que te ayude cada vez que lo veas y te recuerde que tu vida y tu pasado han sido renovados, o una cruz o medalla de la Virgen al cuello... Los seres humanos tenemos una mentalidad simbólica, y los signos nos ayudan a recordar y a tener presentes las cosas que nos importan.

Mi consejo es que busques algún signo concreto que te ayude. ¡Creatividad al poder! Y a vivir esta nueva vida que el Señor te regala, de manos de María y con la fuerza de su Espíritu Santo.

Recuerda: «Quien está en Cristo es una criatura nueva. Lo antiguo ha pasado, ha comenzado lo nuevo»[95].

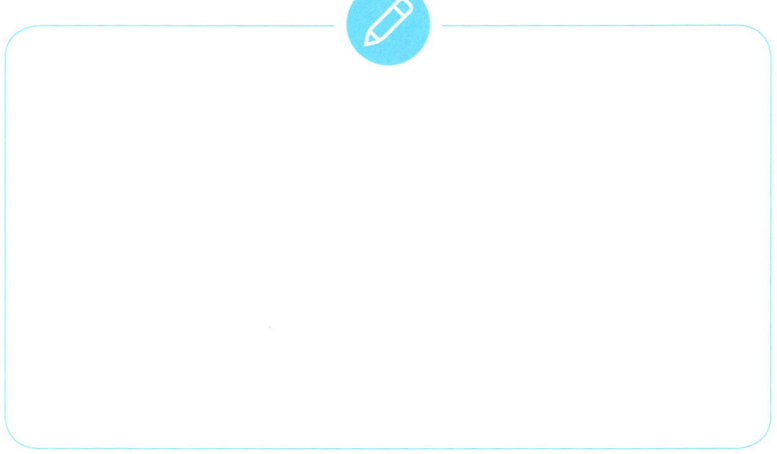

[95] *2 Co* 5, 17.

Conclusión

Llegamos al final de este libro. Si ha servido para el fin para el que lo escribí, puede haber supuesto una renovación total en tu vida y en tu corazón. Si es así, ha cumplido su cometido. Y yo doy gracias a Dios por ello. Si no es así, espero que al menos te haya servido para tu bien, o para el de alguien a quien puedas conocer. Yo creo firmemente que el Señor tiene poder para sanar y regenerar los corazones, y estoy firmemente persuadido de que habrá sucedido contigo también.

Hoy empiezas una nueva vida, porque tienes un corazón a estrenar. Eres una criatura nueva, con un nuevo corazón, y con un nuevo propósito, que has de luchar por conservar, hasta el día en que te entregues de corazón y definitivamente a aquel o aquella para quien has recuperado tu virginidad. Porque la vida es entrega.

Puede que nadie se dé cuenta de que tu vida ha cambiado, puede que tu día a día no cambie en nada en concreto, pero tú y el Señor sabéis que es así, porque el milagro ha sucedido en tu corazón. Y allí es donde suceden las mayores victorias, las que nadie ve, las que cambian el mundo. Tu corazón se ha convertido en un paraíso, en un tesoro escondido, en un corazón de carne, íntegro, puro, regenerado y renovado. Late de nuevo, con fuerza, llenándote de una vida nueva.

Si todo esto es así, estarás viviendo tres consecuencias muy bellas e importantes: la esperanza, la alegría y la paz.

La esperanza, porque has descubierto que el poder de Dios es mayor que ningún poder de este mundo, y que el bien vence al mal; que nada es imposible para Dios, y que no hay nada que Él no pueda perdonar, sanar y restaurar. Por todo eso podemos tener esperanza.

La alegría, porque es el fruto de un corazón sanado y liberado por Dios, que se sabe mirado y amado con misericordia. La alegría que brota del milagro de transformación que Dios ha hecho en tu vida; la alegría que sabe que tu camino va siempre hacia una plenitud mayor.

La paz, porque tu corazón está ahora reconciliado —con tu pasado, contigo mismo y con los demás—. La paz, porque has descubierto que Dios es el Señor del universo, y que todo contribuye a su plan de amor, porque es capaz de sacar bien del mal. Es posible que la inquietud de tu corazón se desvanezca ahora y que recuperes la paz que quizá habías perdido por el pecado.

Y quiero acabar diciéndote que eres un valiente:

💙 Valiente por querer vivir la castidad y la virginidad en un mundo en el que no es nada fácil y eliges ir contracorriente.

💙 Valiente por atreverte a afrontar los errores del pasado y plantarles cara, por atreverte a volver a ellos y también a dejarlos atrás.

💙 Valiente por dejar entrar a Dios en tu vida y entregarle toda tu miseria, y por atreverte a dar este paso de recuperar tu virginidad y comprometerte de nuevo con el Señor a vivir su voluntad, aunque no sea fácil.

Y estoy seguro de que hoy, en el cielo, hay fiesta; fiesta, porque el poder de Dios triunfa sobre la debilidad de la criatura, y porque la misericordia de Dios, una vez más, ha aniquilado el poder del mal. Y tengo la certeza de que hoy, como siempre, vuelven a resonar las palabras de Jesús:

«Y dijo el que está sentado en el trono: "Mira, hago nuevas todas las cosas". Y dijo: "Escribe: estas palabras son fieles y verdaderas". Y me dijo: "Hecho está. Yo soy el Alfa y la Omega, el principio y el fin. Al que tenga sed yo le daré de la fuente del agua de la vida gratuitamente. El vencedor heredará esto: yo seré Dios para él, y él será para mí hijo"»[96].

ESTO ES PARA QUE LO LEA TU NOVIO O NOVIA, SI SE HA GUARDADO VIRGEN PARA TI

Quiero dirigirte unas palabras a ti, que te has guardado para tu futuro esposo o esposa, y que ahora estás con alguien que ha perdido su virginidad. Esta situación puede ser muy difícil para ti, y crearte a veces problemas: celos, tristeza, miedo de cara al futuro… He hablado con bastantes personas que, como tú, permaneciendo vírgenes están con alguien que ha perdido su virginidad; y algunas de ellas sienten tristeza, porque sienten que su novio o novia le ha dado a otro lo que le correspondía a él o a ella, y sienten que, de algún modo, su actual pareja debe pedirles perdón por haber perdido su virginidad y no haberla conservado para ellos. Eso tiene una parte de verdad, y es algo que quizá debas hablar con tu novio o novia, porque quizá sea sanador para ambos que él o ella te pidan perdón por no haberse guardado para ti. Pero también debes darte cuenta de que, cuando tu pareja tuvo relaciones, quizá lo hizo inconscientemente o sin darle el sentido que ahora le da; quizá lo hizo

---

[96] *Ap* 21, 5–7.

por error o sin darse cuenta de las consecuencias que eso iba a tener en su vida y en su relación contigo. Si él o ella quiere vivir la castidad, te aseguro que quien más sufre es él o ella, ya que de algún modo querría haberse conservado para ti. No pienses que por haber tenido relaciones con otra persona ha llegado con ella a una mayor intimidad que a la que ha podido llegar contigo. Es cierto que la sexualidad tiene que ver con la entrega, pero también es cierto que la entrega no es solo sexual. Y te aseguro que el amor y la intimidad que tiene contigo, mediante la castidad, son mucho más hermosos y profundos que ninguna cosa que haya vivido con nadie.

Cree en primer lugar en el poder de Dios, que puede regenerar el corazón de tu novio o novia y lo hace virginal de nuevo para ti. Si no hubiera sido por la gracia de Dios y por su misericordia, puede que tú hubieras hecho lo mismo o quizá incluso cosas peores. Tú eres para tu novio o novia una imagen de la mirada misericordiosa de Dios, que no solo no echa en cara ni condena, sino que restaura y regenera el corazón. A través de tu mirada casta, Dios puede devolver la pureza al corazón de tu novio o novia. Acógele como Cristo acogió a los hombres después de que la humanidad se apartara del camino de Dios; acógele como el padre acogió a su hijo, abrazándolo y cubriéndolo de besos, revistiéndole con la mejor túnica, el anillo de la nueva alianza, las sandalias de la inocencia; acógele y entrégate a él o a ella, como Cristo se entregó por su Esposa, la Iglesia, para hacerla santa e inmaculada. Que tu novio o novia pueda ver cumplido en ti lo que dice san Pablo: «El amor es paciente, es bondadoso; el amor no tiene envidia, no se irrita; no lleva cuentas del mal, sino que goza con la verdad. Todo lo excusa, todo lo cree, todo lo espera, todo lo soporta. El amor no pasa nunca»[97].

Sé que esto es difícil, porque somos humanos, y nuestra mirada no es como la de Dios. Que tu novio o novia esté leyendo este libro es la ocasión perfecta para que podáis hablar esos temas que han quedado pendientes y que quizá te están haciendo daño. Puede ser duro, pero también muy importante, para que sanen sus heridas, y quizá también las tuyas, y para que vuestra relación pueda llegar a la profundidad a la que está llamada. Esto lleva tiempo, a veces incluso es necesario llegar a después del matrimonio para que ese tipo de heridas puedan sanarse, ya que solo en el matrimonio se dará la entrega total de tu novio o novia a ti, incluso sexualmente. Ten, pues, paciencia, cree en el poder de Dios, ama con todas tus fuerzas y no tengas miedo de hablar nada con tu pareja, porque de todo Dios puede sacar un bien. ¡Ánimo y adelante! El camino que tenéis por delante es único y precioso.

---

[97] *1 Co* 13, 4–8.